La Pucelle D'Orleans Ou Jeanne D'Arc: Poeme, En Seize Chants

Voltaire

La Pucelle d'Orleans,

O U

JEANNE D'ARC,

POEME

En SEIZE CHANTS.

Par Mr. DE V - - - - - - -.

EDITION la plus complette que l'on puisse produire
au Public.

Imprimé a *Tabesterahn*, par *Pyr Mardechanburg*,
1756.

La Pucelle d'Orleans,

CHANT PREMIER.

Amours honétes de Charles VII. et d'Agnès de Sorel. Siège d'Orlèans par les Anglais. Apparition de St. Denis, &c.

VOUS m'ordonnez de célébrer des Saints:
Ma voix est faible, et même un peu prophane.
Il faut pourtant vous chanter cette Jeanne,
Qui fit, dit-on, des prodiges divins.
Elle affermit de ses pucelles mains
Des fleurs de lys la tige Gallicane :
Sauva son Roi de la rage Anglicane,
Et le fit oindre au maître autel de Reims,
Jeanne montra sous feminin visage,
Sous le corset et sous le Cotillon,
D'un vrai Roland le vigoureux courage.
J'aimerois mieux le soir pour mon usage
Une beauté douce comme un mouton.
Mais Jeanne d'Arc eut un cœur de Lyon.

B   Vous

Vous le verrez, si lisez cet ouvrage.
Vous tremblerez de ses exploits nouveaux.
Et le plus grand de ses rares travaux
Fut de garder un an son pucelage.
    O chapelain, toi dont le violon
De discordante et gothique mémoire,
Sur un archet maudit par Apollon,
D'un ton si dur à raclé son histoire,
Vieux chapelain, pour l'honneur de ton art
Tu voudrois bien me prêter ton génie.
Je n'en veux point ; c'est pour la Motte-Houdart,
Quand l'Iliade est par lui travestie.
On pour quelqu'autre de son académie.
    Le bon Roi Charle, au printems de ses jours,
Au tems de Pâque en la cité de Tours,
A certain bal (ce Prince aimoit la dance)
Avoit trouvé, pour le bien de la France,
Une beauté nommée Agnés Sorel.
Jamais l'amour ne forma rien de tel.
Imaginez de Flore la jeunesse,
L'a taille et l'air de la Nymphe des bois,
Et de Vénus la grace enchanteresse,
Et de l'amour le séduisant minois,
L'art d'Arachné, le doux chant des Sirénes ;
Elle avoit tout.   Elle auroit dans ses chaînes
Mis les Héros, les Sages et les Rois.
L'a voir, l'aimer, sentir l'ardeur brûlante
Des doux désirs en leur chaleur naissante,
Lorgner Agnés, soupirer et trembler,
Perdre la voix en voulant lui parler,
Presser ses mains d'une main carressante,
Laisser briller sa flamme impatiente,
Montrer son trouble, en causer à son tour,

Lu

Lui plaire enfin, fut l'affaire d'un jour.
Princes, et Rois, vont très vite en amour.

Agnès voulut, favante en l'art de plaire,
Couvrir le tout des voiles du myftère,
Voiles de gaze, et que les courtifans
Percent toûjours de leurs yeux malfaifans.

Donc, pour câcher comme on put cette affaire,
Le Roi choifit le confeiller Bonneau,
Confident fûr, et très bon Tourangeau:
Il eut l'emploi, qui certes n'eft pas mince,
Et qu'à la Cour, où tout fe peint en beau,
Nous apellons être l'ami du Prince,
Et qu'à la ville, et furtout en Province
Les gens groffiers ont nommé Maquereau.
Monfieur, Bonneau, fur le bord de la Loire,
Etait Seigneur d'un fort joli château.

Agnès un foir s'y rendit en bateau,
Et le Roi Charles y vint à la nuit noire.
On y foupa; Bonneau fervit à boire.
Tout fut fans fafte, et non pas fans aprêts,
Feftins des Dieux vous n'êtres rien auprès.
Nos deux amants pleins de trouble et de joye,
Yvres d'amour, à leur défirs en proye,
Se renvoyoient des regards enchanteurs,
De leurs plaifirs brulans avant-coureurs.
Les doux propos, libres fans indécence,
Aiguillonnoient leur vive impatience.
Le Prince en feu des yeux la dévoroit ;
Contes d'amour d'un air tendre il faifoit, *faifait,*
Et du genou, le genou lui preffoit, ~~conoit zenvi~~

Le fouper fait on eut une mufique,
Italienne en genre Cromatique ;
On y mêla trois différentes voix
Aux violons, aux flutes, aux haut-bois.

Elles

Elles chantoient l'allégorique hiftoire
De cent heros qu'amour avait domptés,
Et qui pour plaire à de tendres beautès
Avoient quitté les fureurs de la gloire.
Dans un réduit cette mufique étoit,   *était*
Près de la chambre où le bon Roi foupoit.   *foupoit*
La belle Agnès difcrette et retenue.
Entendoit tout, et d'aucuns n'étoit vûe.   *e*
Déja la Lune eft au haut de fon cours ;
Voilà minuit ; c'eft l'heure des amours.
Dans une alcove artiftement dorée,
Point trop obfcure et point trop éclairée,
Entre deux draps que la Frife a tiffûs,
D'Agnès Sorel les charmes font recus.
Près de l'alcove une porte eft ouverte
Que Dame Alix fuivante très-experte,
En' s'en allant oublia de fermer.
O' vous amants, vous qui feavez aimer,   *favez*
Vous voyez bien l'extréme impatience
Dont pétilloit nòtre bon Roi de France.   *e*
Sur fes cheveux en treffe retenus
Parfums exquis font déja répandus.
Il vient, il entre au lit de fa maitreffe ;
Moment charmant de joie et de tendreffe,   *divin*
Le cœur leur bat ; l'amour et la pudeur,
Au front d'Agnès font monter la rougeur.
La pudeur paffe et l'amour feul demeure.
Son tendre amant l'embraffe tout-à-l'heure.
Ses yeux árdents, éblouïis, enchantés,
Avidemment parcourent fes beautés.
Qui n'en feroit en effet idolâtre ?
Sous un cou blanc qui fait honte à l'albâtre
Sont deux têtons féparés, faits au tour,
Allans, venans, arrondis par l'amour.

                                        Leur

Leur bouton net eſt de couleur de roſe ;
Teton charmant qui jamais ne repoſe,
Vous invitiés les mains à vous preſſer
L'œil à vous voir, la bouche à vous baiſer.
Pour mes Lecteurs tout plein de complaiſance,
J'allois montrer à leurs yeux ébaudis
De ce beau corps les contours arondis ;
Mais la vertu qu'on nomme bienſéance,
Vient arrêter mes pinceaux trop hardis.
Tout eſt beautè, tout eſt charme dans elle.
La volupté dont Agnès à ſa part
Lui donne encor une grace nouvelle,
Elle l'anime ; amour eſt un grand fard ;
Et le plaiſir embellit toute belle.
Trois mois entiers nos deux jeunes amants
Furent livrés à ces raviſſements.
Du jeu d'amour ils vont droit à la table.
Un déjeuné reſtaurant, delectable
Rend à leur ſens leur premiére vigueur,
Puis pour la chaſſe épris de même ardeur
Ils vont tous deux ſur des chevaux d'Eſpagne
Suivre cent chiens japants dans la campagne.
A leur retour on les conduit aux bains.
Pâtes, parfums, odeurs de l'Arabie,
Qui font la peau douce, fraiche, et polie
Sont prodigués ſur eux à pleines mains.
Le diner vient, la délicate chére !
L'oiſeau du phaſe, et le coq de bruière,
De vingt ragoûts l'aprêt délicieux,
Charment le nez, le palais, et les yeux,
Du vin d'Aï la mouſſe pétillante,
Et du Tokai la liqueur jauniſſante
En chatouillant les fibres des cerveaux,
Portet un feu qui s'exhale en bons-mots.

Le

Le diner fait on digére, on raifonne,
On conte, on rit, on médit du prochain,
On fait brailler des vers à maître Alain,
On fait venir des Docteurs de Sorbonne,
Des perroquets, un finge, un arlequin.
Le Soleil baiffe ; une troupe choifie
Avec le Roi court à la Comédie,
Et fur la fin de ce fortuné jour
Le couple heureux s'enivre encor d'amour.
Plongés tous deux dans le fein des délices,
Ils paraiffaient en goûter les prémices,
Toûjours heureux, et toûjours plus ardents,
Point de foupcons, encor moins de querelles,
Nulle langueur, et l'amour et le tems
Auprès d'Agnés ont oublié leurs aîles.
Charle fouvent difoit entre fes bras
En lui donnant des baifers tout de flamme :
Ma chère Agnès, idôle de mon ame,
Le monde entier ne vaut pas vos appas.
Vaincre et régner n'eft rien qu'une folie.
Mon Parlement me bannit aujourdhuy,
Au fier Anglois la France eft affervie.
Ah ! qu'il foit Roi, mais qu'il me porte envie.
J'ai vôtre cœur, je fui plus Roi que lui.
Un tel difcours n'eft pas trop héroïque ;
Mais un héros quand il tient dans un lit
Maitreffe honnête, et que l'amour le pique,
Peut s'oublier, et ne fait ce qu'il dit.
  Comme il menoit une joïeufe vie
Tel qu'un Abbé dans fa graffe Abbaïe,
Le Prince Anglois toûjours plein de furie,
Toûjours aux champs, toûjours armé, botté,
Le pot en tête, et la dague au côte,
Lance en arrêt, la vifière bauffée

                                      Fouloit

Fouloit aux pieds la France terraffée
Il marche, il vole, il renverfe en fon cours
Les murs épais, les ménacantes tours,
Répand le fang, prend l'argent, taxe, pille,
Livre aux foldars et la mére, et la fille,
Fait violer des Couvents de Nonains,
Boit le mufcat des péres Bernardins,
Frappe en écus l'or qui couvre les Saints,
Et fans refpect pour Jefus ni Marie
De mainte Eglife il fait mainte écurie,
Ainfi qu'on voit dans une bergerie
Des loups fanglants de carnage altérés,
Et fous leurs dents les troupeaux déchirés,
Tandis qu'au loin couché dans la prairie
Colin s'endort fur le fein d'Egérie,
Et que fon chien près d'eux eft occupé,
A fe faifir des reftes du foupé.

Or, du plus haut du brillant Apogée,
Séjour des faints, et fort loin de nos yeux,
Le bon Denis prêcheur de nos aïeux,
Vit les malheurs de la France affligée,
L'état horrible où l'Anglois l'a plongée,
Paris aux fers, et le Roi très-Chrétien,
Baifant Agnès, et ne fongeant à rien.
Ce bon Denis eft patron de France
Ainfi que Mars fut le fein des Romains,
Où bien Pallas chez les Athéniens.
Il faut pourtant en faire différence,
Un Saint vaut mieux que tous les Dieux païens.

Ah, par mon chef, dit-il, il n'eft pas jufte
De voir tomber ainfi l'Empire Augufte,
Où de la foi j'ai planté l'étendart ;
Trône des lys tu cours trop de hazard,
Sang des Valois je reffens tes miféres.

Ne

Ne fouffrons pas que les fuperbes fréres,
De Henri cinq fans droit et fans raifon,
Chaffent ainfi le fils de la maifon.
Jai, quoi que Saint, et Dieu me le pardonne,
Averfion pour la race Bretonne.
Car fi j'en crois le livre des deftins,
Un jour ces gens raifonneurs et mutins
Se gaufferont des faintes Décrétales,
Déchireront les Rómaines Annales,
Et tous les ans le Pape bruleront.
Vengeons de loin ce facrilége affront;
Mes chers Francois feront tous catholiques ;
Ces fiers Anglois feront tous héretiques.
Frappons, chaffons ces dogues Britaniques,
Puniffons les par quelque nouveau tour,
De tout le mal qu'ils doivent faire un jour.
Des Gallicans ainfi parloit l'apôtre,
Démaudiffons lardant fa patenôtre.   Je Maudiffons
    Et cependant que tout feul il parlait,
Dans Orléans un Confeil fe tenait.
Par les Anglois cette-ville bloquée
Au Roi de France allait être extorquée.
Quelques Seigneurs et quelques Confeillers,
Les uns pédants et les autres guerriers,
Sur divers tons déplorant leur mifére,
Pour leur refrain difoient, que faut il faire ?
Poton, la Hire, et ce brave Dunois,
S'ecrioient tous en fe mordant les dogits ;
Allons, amis, mourons pour la patrie,
Mais aux Anglois vendons cher nôtre vie.
Le Richemont crioit tout haut, par Dieu
Dans Orléans il faut mettre le feu,
Et que l'Anglois qui penfe ici nous prendre
N'ait rien de nous que fumée et que cendre.

                                        Pour

Pour La Trimouille il difoit, ~~attendons~~
~~Jufqu'à demain, et beau jeu nous verrons.~~
Le préfident Louvet grand perfonnage,
Au maintient grave et qu'on eut pris pour fage,
Dit ; je voudrois que préalablement
Nous fiffions rendre arrêt de Parlement,
Contre l'Anglois, et qu'en ce cas énorme
Sur toute chofe on procédât en forme,
~~Sur cette affaire ils parloient tous fort bien,~~
Ils difoient d'or, et ne concluoient rien.

    Comme ils parloient on vit par la fenêtre
Je ne fçais quoi dans les airs aparoître :
Un beau fantôme au vifage vermeil
Sur un raïon détaché du Soleil
Des Cieux ouverts fend la voute profonde,
Odeur de Saint fe fentoit à la ronde,
Le bon Denis deffus fon chef avoit
A deux pendants une Mitre pointüe
D'or et d'argent fur le fommet fendüe,
Sa dalmatique au gré des vents flottoit,
Son front brilloit d'une fainte auréole,
Son cou panché laiffoit voir fon étole,
Sa main portoit ce bâton paftoral
Qui fut jadis *lituus augural*.
A cet objet qu'on difcernoit fort mal,
Voilà d'abord Monfieur de la Trimouille,
Paillard dévot, qui prie et s'agenouille.
Le Richemont qui porte un cœur de fer,
Blafphémateur, jureur impitoyable,
Hauffant la voix dit que c'étoit un Diable
Qui leur venoit du fin fond de l'enfer ;
Que ce feroit chofe très agréable
Si l'on pouvoit parler à Lucifer.
Maître Louvet s'en courut au plus vite

          C

Chercher

Chercher un pot tout rempli d'eau bénite,
Poton, La Hire, et Dunois ébahis
Ouvrent tout trois de grands yeux ébaubis.
Tous les valets font couchés sur le ventre,
L'objet aproche, et le saint fantome entre.
Tout doucement porté sur son rayon,
Puis donne à tous sa bénédiction.
Soudain chacun se figne et se prosterne :
Il les relève avec un air paterne.
Puis il leur dit; ne faut vous effrayer,
Je suis Denis, et saint de mon métier.
J'aimai la Gaule, et l'ai cathéchifée,
Et ma bonne ame est trés-scandalisée
De voir Charlot mon filleul tant aimé
Dont le pays en cendre est confumé,
Et qui s'amuse au lieu de le défendre,
A deux têtons qu'il ne cesse de prendre.
J'ai résolu d'assister aujourdhui
Les bons François qui combattent pour lui;
Je veux finir leur peine et leur misère.
Tout mal guérit, dit-on, par son contraire.
Or si Charlot veut pour une Catin
Perdre la France et l'honneur avec elle,
J'ai résolu pour changer son destin
De me servir des mains d'une pucelle.
" Vous si d'enhaut vous désirez les biens,
" Si vos cœurs font et François et Chrétiens,
" Si vous aimez le Roi, l'Etat, l'Eglise,
" Assistez-moi dans ma sainte entreprise,
" Montrez le nid où convient de chercher.
" Ce vrai Phénix que je veux dénicher.
  A tant se tut le vénérable Sire
Quand il eut fait, chacun se prit à rire.
Le Richemont né plaisant et moqueur,

Lui

Lui dit ; ma foi, mon cher Prédicateur
Monſieur le ſaint, ce n'étoit pas la peine
D'abandonner le céleſte domaine
Pour demander à ce peuple méchant
Ce beau joyau que vous eſtimez tant.
Quand il s'agit de ſauver une ville
Un pucelage eſt une arme inutile.
Pourquoi d'ailleurs le prendre en ce pays,
Vous en avez tant dans le Paradis !
Rome et Lorette ont cent fois moins de cierges
Que ches les ſaints il n'eſt là haut de vierges,
Chez les Francois, hélas, il n'en eſt plus.
Tous nos moutiers ſont à ſec là-deſſus.
Nos francs Archers, nos Officiers, nos Princes
Ont dès longtems dégarni les Provinces.
Ils ont tous fait en dépit de vos ſaints
Plus de batards encor que d'orphelins.
Monſieur Denis pour finir nos querelles,
Cherchez ailleurs, s'il vous plait, des pucelles.
    Le Saint rougit de ce diſcours brutal ;
Puis auſſi-tôt il remonte à cheval.
Sur ſon tayton ſans dire une parole ;
Pique des deux ; et par les airs s'envole,
Pour déterrer, s'il peut, ce beau bijou
Qu'on tient ſi rare et dont il ſemble fou.
Laiſſons-le aller ; et tandis qu'il ſe perche
Sur l'un des traits qui vont porter le jour.
Ami lecteur, puiſſiez-vous en amour
Avoir le bien de trouver ce qu'il cherche.

CHANT

CHANT SECOND.

Jeanne armèe par Saint Denis, va trou-
ver Charles VII. *à Tours : ce qu'elle fit*
en chemin.

Heureux cent fois qui trouve un pucelage ;
C'eſt un grand bien, mais de toucher un cœur
C'eſt à mon ſens le plus cher avantage.
Se voir aimé, c'eſt là le vrai bonheur ;
Quimporte hélas d'arracher une fleur?
C'eſt à l'amour à nous ceuillir la roſe ;
Mes chers amis ayons tous cet honneur ;
Ainſi ſoit-il ; mais parlons d'autre choſe.
   Vers les confins du pays Champenois
Ou cent poteaux marqués de trois marlettes
Diſoient aux gens, *en Lorraine vous étes,*
Eſt un vieux bourg peu fameux autrefois ;
Mais il mérite un grand nom dans l'hiſtoire :
Car de lui vient le Salut et la glorie ;
Des fleurs de Lys ; et du peuple Gaulois.
   De Douremy chantons tous le Village,
Faiſons paſſer ſon beau nom d'âge en âge.
O Douremy! tes pauvres environs
N'ont ni muſcats, ni pêches, ni citrons.
Ni mine d'or, ni bon vin qui nous damne,
Mais c'eſt à toi que la France doit Jeanne.
Jeanne y nâquit : certain Curé du lieu
Faiſant partout des ſerviteurs à Dieu

Ardent

Ardent au lit, à table, à la priére
Moine autrefois de Jeanne fut le pére.
Une robuſte et graſſe Chambriére
Fut l'heureux moule ou ce paſteur jetta
Cette beauté, qui les Anglois dompta.
Vers les ſeize ans en une hotelleire
On l'engagea pour ſervir l'écurie.
A Vaucouleurs: (et déjà de ſon nom
La renommée empliſſoit le Canton.
Son air eſt fier, aſſuré, mais honnête ;
Ses grands yeux noirs brillent à fleur de tête :
Trente deux dents d'une égale blancheur
Sont l'ornement de ſa bouche vermeille
Qui ſemble aller de l'une à l'autre oreille.
Mais bien bordée et vive en ſa couleur
Appetiſſante et fraiche par merveille.
Ses tetons bruns, mais fermes comme un roc
Tentent la robe, et le caſque, et le froc :
Elle eſt active adroite vigoureuſe,
Et d'une main potelée et nerveuſe,
Soutient fardeaux ; verſe cent brocs de vin,
Sert le bourgeois, le noble, le Robin :
Chemin faiſant, vingt ſoufflets diſtribuë
Aux etourdis dont l'indiſcrette main,
Va tatonnant ſa cuiſſe ou gorge nuë ;
Travaille et rit du ſoir juſqu'au matin
Conduit chevaux, les panſe, abreuve, étrille
Et les preſſant de ſa cuiſſe gentille,
Les monte à cru comme un ſoldat Romain,
    O' profondeur ! ò Divine Sageſſe !
Que tu confonds l'orgueilleuſe foibleſſe
De tous ces grands ſi petits à res yeux !
Que les petits ſont grands quand tu le veux !
Ton Serviteur Denis le bienheureux

                              N'alla

N'alla roder aux Palais des Princesses
N'alla chez vous Mesdames les Duchesses.
Denis courut : amis qui le croiroit :
Chercher l'honneur, où ? dans un Cabaret.

Il étoit tems que l'Apôtre de France
Envers sa Jeanne usât de diligence
Le bien public étoit en grand hazard.
De Satanas la malice est connue
Et si le Saint fut arrivé plus tard
D'un seul moment, la France étoit perduë.

Un Cordelier nommé Roch Grisboundon,
Avec Chandos arrivé d'Albion,
Etoit alors dans cette hotelleire :
Il aimoit Jeanne autant que sa patrie.
C'étoit l'honneur de la penaillerie,
De tous côtes allant en miffion,
Prédicateur, confesseur, efpion,
De plus, grand clerc en la forcelerie,
Savant dans l'art en Egypte facré,
Dans ce grand art cultivé chez les Mages,
Ches les Hebreux, chez les antiques Sages;
De nos favants dans nos jours ignoré.
Jours malheureux ! tout est dégeneré.

En feüilletant ses livres de caballe
Il vit qu'aux fiens elle feroit fatale,
Qu'elle portoit deffous fon court jupon
Tout le deftin d'Angleterre et de France,
Encouragé par la noble affiftance
De fon génie. Il jura fon cordon
Qu'il faifiroit ce beau Palladium.
" J'aurai, dit-Il, Jeanne dans ma puiffance ;
" Je fuis Anglois, je dois faire le bien
" De mon pays, mais plus encor le mien.

Au même temps un ignorant un ruſtre
Lui diſputait cette conquête illuſtre ;
Cet ignorant valoit un cordelier,
Car vous ſaurez qu'il était muletier.
Le jour, la nuit offrant ſans fin ſans terme,
Son lourd ſervice et l'amour le plus ferme:
L'occaſion, la douce égalité,
Faiſoit pancher Jeanne de ſon côté,
Mais ſa pudeur triomphoit de ſa flamme:
Lui par les yeux ſe gliſſoit dans ſon ame.
Roch Griſbourdon vit ſa naiſſante ardeur,
Mieux qu'elle encor il liſoit dans ſon cœur.
Il vint trouver ſon rival ſi terrible
Puis il lui tint ce diſcours très plauſible.
" Puiſſant héros qui panſés au beſoin
" Tous les mulets commis à vôtre ſoin,
" Je ſai combien Jannette vous eſt chére
" Elle a mon cœur comme elle a tous mes vœux,
" Rivaux ardens nous nous craignons tous deux
" En bons amis accordons nous pour elle;
" Amants unis, et rivaux ſans querelle.
" Tatons enſemble de ce morceau friand,
" Qu'on pourroit perdre en ſe le diſputant.
" Conduiſez moi vers le lit de la belle,
" J'invoquerai le Démon du dormir
" Ses doux pavots vont ſoudain, l'aſſoupir.
" Et tour à tour nous veillerons pour elle,
Incontinent le Mage au capuchon
Prend ſon grimoire, évoque le Démon
Qui de morphée eur autrefois le nom.
Ce peſant Diable eſt maintenant en France
Avec Meſſieurs il ronfle à l'audience
Dans le parterre il vient bailler le ſoir :

Aux

Aux cris du moine il monte en son char noir
Par deux hiboux trainé dans la nuit sombre.
Dans l'air il glisse, et doucement fend l'ombre.
Les yeux fermez il arrive en baillant,
Se met sur d'Arc la tatonne et s'étend,
Et sécouant son pavot marcotique
Lui soufle au sein, vapeur soporifique,
Tel on nous dit que le moine Girard
En confessant la Gentille Cadiére
Insinuoit de son soufle paillard
De diablotaux une ample fourmilliére.
  Nos deux galants pendant ce doux sommeil
Aiguillonnés du démon du reveil
Avaient de Jeanne oté la couverture.
Déja trois dez roulant sur son beau sein
Vont décider au Jeu de Saint Guilain
Lequel des deux doit tenter l'avanture.
Le moine gagne ; un Sorcier est heureux !
Le Grisbourdon se saisit des en-jeux ;
Embrasse Jeanne : ô soudaine merveille !
Denis arrive et Jeanne se réveille.
O Dieu! qu'un Saint fait trembler tout pécheur !
Nos deux rivaux se renversent de peur.
Chacun d'eux fuit, en portant dans le cœur,
Avec la crainte un désir de malfaire.
Vous avez vu sans doute un Commissaire
Chercant de nuit un couvent de Vénus ;
Un jeune essain de tendrons de mi-nus
Saute du lit, s'ésquive, se dérobe
Aux yeux hagards du noir pédant en robe.
Ainsi fuyoient mes paillards confondus.
Dénis s'avance, et reconforte Jeanne
Tremblante encor de l'attentat profane,
Puis il lui dit : vase d'election

« Le

" Le Dieu des Rois par ſes mains innocentes,
" Veut des Francois vanger l'oppreſſion,
" Et renvoyer dans les champs d'Albion
" Des fiers Anglois les Cohortes ſanglantes.
" Dieu ſait changer d'un ſouffle tour puiſſant
" Le roſeau faible en cèdre du Liban,
" Secher les mers, abaiſſer les Colines
" Du monde entier reparer les ruines,
" Devant tes pas la foudre grondera
" Autour de toi la terreur volera,
" Et tu verras l'Ange de la la victoire
" Ouvrir pour toi les ſentiers de la gloire.
" Suis moi, renonce à tes humbles travaux,
" Viens placer Jeanne au nombre des héros.
    A ce diſcours terrible et patetique
Et qui n'eſt point en ſtile academique,
Jéanne étonnée ouvrant un large bec
Crut quelque tems que l'on lui parloit Grec.
Dans ce moment un rayon de la grace ;
Dans ſon eſprit porte un jour efficace.
Jeanné ſentit dans le fond de ſon cœur.
Tous les élans d'une ſublime ardeur,
Non ce n'eſt plus Jeanne la chambriére.
C'eſt un héros, c'eſt une ame guerriére.
Tel un bourgeois humble, ſimple groſſier
Qu'un vieux richard a fait ſon héritier
En un palais fait changer ſa chaumiére.
Son air honteux devient démarche fiére ;
Les grands ſurpris admirent ſa hauteur
Et les petits l'apellent, *Monſeigneur.*
    Or pour hâter leur auguſte entrepriſe
Jeanne et Denis s'en vont droit á l'Egliſe.
Lors aparut dèſſus le maître Autel,
(Fille de Jean quèlle fut ta ſurpriſe ?)

Un

Un beau harnois tout frais venu du Ciel ;
Des arcenaux du terrible Empirée.
En cet inftant, par l'Archange Michel,
La noble armure avait été tirée.
On y voyoit l'armet de Débora,
Ce clou pointu, funefte à Sizara ;
Le caillou rond, dont un Berger fidéle
De Goliath entama la cervelle ;
Cette mâchoire avec quoi combattit
Le fier Samfon, qui fes cordes rompit
Lorfqu'il fe vit vendu par fa Donzelle.
Le coutelet de la belle Judith,
Cette beauté fi faintement perfide,
Qui, pour le Ciel, galante et homicide,
Son cher Amant maffacra dans fon lit.
A ces objets, Jannette émerveillée ;
De cette armure eft bien-tôt habillée ;
Elle vous prend et cafque et corfelet ;
Braffards, cuiffards, baudrier, gantelet ;
Lance, clou, dague, épieu, caillou, machoire,
Marche, s'éffaïe, et brûle pour la gloire.
    Toute héroïne a befoin d'un Courfier.
Jeanne en demande au trifte Muletier :
Mais auffi-tôt un Ane fe préfente,
Au beau poil gris, a la voix éclatante,
Bien étrillé, fellé, bridé, ferré,
Portant arcons, avec chanfrein doré,
Caracolant, du pied frapant la terre
Comme un Courfier de Thrace, ou d'Angleterre.
    Ce beau grifon deux aîles poffédoit
Sur fon échine, et fouvent s'en fervoit.
Ainfi Pégafe, au haut des deux colines,
Portoit jadis neuf Pucelles Divines ;

Et

Et l'Hypogriphe à la Lune volant,
Portoit Aftolphe au pays de Saint Jean.
   Mon cher Lecteur veut connoître cet âne
Qui vint alors offrir fa croupe à Jeanne,
Il le faura, mais dans quelqu'autre chant :
Je l'avertis, cependant qu'il révère
Cet Ane heureux, qui n'eft pas fans myftère,
Sur fon Grifon, Jeanne a déja monté,
Sur fon rayon Denis eft remonté :
   Tous deux s'en vont vers les rives de Loire
Porter au Roi l'efpoir de la Victoire.
L'âne, tantôt trotte d'un pied leger,
Tantôt s'élève et fend les champs de l'air.
   Le Cordelier toujours plein de luxure,
Un peu remis de fa trifte avanture,
Ufant enfin de fes droits de Sorcier,
Change en mulet le pauvre Muletier,
Monte deffus, chevauche, pique et jure
Qu'il fuivra Jeanne au bout de la nature.
Le Muletier en fon mulet caché,
Bât fur le dos, crut gagner au marché ;
Et du vilain, l'ame terreftre et craffe,
A peine vit qu'elle eut changé de place.
   Jeanne et Denis s'en alloient donc vers Tours,
Chercher ce Roi plongé dans les amours.
Près d'Orleans, comme enfemble ils paffèrent.
L'oft des Anglais de nuit ils traverférent.
Ces fiers Bretons ayant bu triftement,
Cuvaient leur vin, dormoient profondement.
Tout était yvre, et goujeats et vedettes.
On n'entendoit ni Tambours ni Trompettes ;
L'un dans fa tente étoit couché tout nud,
L'autre ronflait près d'un page étendu.

Alors

Alors Denis, d'une voix paternelle,
Tint ces propos tout bas à la pucelle ;
" Fille de bien, tu fauras que Nifus,
" Etant un foir aux tentes de Turnus,
" Bien fécondé de fon cher Euriale,
" Rendit la nuit aux Rutulois fatale.
" Le même advint au quartier de Rhefus
" Quand la valeur du preux fils de Tidée,
" Par la nuit noire et par Uliffe aidée,
" Sut envoyer fans dangers, fans effort,
" Tant de Troyens du fommeil à la mort.
" Tu peux joüir de femblable victoire,
" Parle, dis-moi, veux-tu de cette gloire ?
" Jeanne lui dit ;" je n'ai point lû l'hiftoire;
" Mais je ferois de courage bien bas,
" De tuer gens qui ne combattent pas.
   Difant ces mots elle avife une tente,
Que les rayons de la lune brillante
Faifoient paraitre à fes yeux éblouïs,
Tente d'un Ghef, ou d'un jeune Marquis :
Cent gros flacons remplis de vin exquis,
Sont tous auprès.   Jeanne avec affurance
D'un grand pâté prend les vaftes débris,
Et boit fix coups avec Monfieur Denis
A la fanté de fon bon Roi de France.
   La tente était celle de Jean Chandos,
Fameux guerrier qui dormoit fur le dos.
Jeanne faifit fa redoutable épée,
Et fa culotte en velours découpée.
Ainfi jadis, David aimé de Dieu
Ayant trouvé Saül en certain lieu,
Et lui pouvant ôter très-bien la vie
De fa chemife il lui coupa partie,

Pour

Pour faire voir à tous les Potentats
Ce qu'il pût faire, et ce qu'il ne fit pas.
 Près de Chandos était un jeune page
De quatorze ans, mais charmant pour son âge,
Lequel montroit deux globes faits au tour
Qu'on auroit pris pour ceux du tendre amour.
Non loin du Page étoit un écritoire
Dont se servoit le jeune homme après boire,
Quand tendrement quelques vers il faisoit.
Pour la beauté qui son cœur séduisoit.
Jeanne prend l'encre, et sa main lui dessine
Trois fleurs de lys, juste dessous l'échine ;
Présage heureux du bonheur des Gaulois,
Et monument de l'amour de ses Rois.
Le bon Denis voyoit se pâmant d'aise,
Les fleurs de lys sur une fesse Angloise.
Qui fut penaut le lendemain matin ?
Ce fut Chandos, ayant cuvé son vin ;
Car s'éveillant il vit sur ce beau Page
Les fleurs de lys : Plein d'une juste rage,
Il crie alerte, il croit qu'on le trahit,
A son épée il court auprés du lit ;
Il cherche en vain, l'épée est disparuë,
Point de culotte, il se frotte la vuë,
Il gronde, il crie, et pense fermement
Que le grand Diable est entré dans le camp.
 Ah ! qu'un rayon de Soleil et qu'un âne,
Cet âne aîle qui sur son dos a Jeanne,
Du Monde entier feraient bientôt le tour.
Jeanne et Denis arrivent à la Cour.
Lebon Prélat sait par expérience
Qu'on est railleur à cette Cour de France.
Il se souvient des propos insolents
Que Richemont lui tint dans Orléans.

Et

Et ne veut plus à pareille avanture
D'un saint Evêque exposer la figure.
    Pour son honneur il prit un nouveau tour
Il s'aflubla de la triste encolure
Du bon Roger Seigneur de Baudricour.
Preux, Chevalier, et ferme Catholique
Hardi parleur, loyal et véridique,
Malgré cela pas trop mal à la Cour.
" Eh jour de Dieu, dit-il, parlant au Prince
" Vous languissez au fonds d'une Province
" Esclave, Roi, par l'amour enchainé,
" Quoi votre bras indignement repose !
" Ce front Royal ce front n'est couronné,
" Que de tissus, et de mirthe, et de rose !
" Et vous laissez vos cruels ennemis
" Rois dans la France et sur le Trone assis !
" Allez mourir ou faites la conquête
" De vos Etats ravis par ces mutins :
" Le Diadême est fait pour vôtre tête
" Et les Lauriers n'attendent que vos mains.
" Dieu dont l'esprit allume mon courage,
" Dieu dont ma voix annonce le langage,
" De sa faveur est prêt à vous couvrir.
" Osez le croire, osez vous secourir,
" Suivez du moins cette auguste Amazone
" C'est vôtre apui, c'est le soutien du Trône,
" C'est par son bras que le Maître des Rois
" Veut rétablir nos Princes et nos Loix.
" Jeanne avec vous chassera la famille,
" De cet Anglois si terrible et si fort.
" Devenez homme et si c'est vôtre sort,
" D'être à jamais mené par une fille,
" Fuyez au moins celle qui vous perdit
" Qui vôtre cœur dans ses bras amolit,

                         " Et

« Et digne enfin de cé fécours étrange
« Suivez les pas de celle qui vous vange.
 L'amant d'Agnès eut toûjours dans le cœur
Avec l'amour un très-grand fond d'honneur.
Du vieux foldat le difcours patétique
A diffipé fon fommeil létargique
Ainfi qu'un Ange un jour du haut des airs
De fa trompette ébranlant l'univers
Rouvrant la tombe animant la pouffiére
Rapellera le morts à la lumiére :
Charle éveillé, Charle boüillant d'ardeur,
Ne lui répond qu'en s'écriant aux armes.
Les feuls combats à fes yeux ont des charmes,
Il prend fa pique, il brule de fureur.
 Bientôt après la premiére chaleur
De ces tranfports ou fon ame eft en proie,
Il voulut voir fi celle qu'on envoie
Vient de la part du Diable ou du Seigneur,
Ce qu'il doit croire, et fi ce grand prodige
Eft en effet un miracle ou preftige.
Donc fe tonrnant vers la fiére beauté,
Le Roi lui dit d'un ton de Majefté,
Qui confondroit toute autre fille qu'elle,
« Jeanne écoutés ; Jeanne, êtes-vous pucelle ?
« Jeanne lui dit ; » O grand Sire ordonnez
« Que médecins lunettes fur le nez,
« Matrones, Clercs, Pédants, Apoticaires
« Viennent fonder ces féminins miftères ;
« Et fi quelqu'un fe connait à celà,
« Qu'il trouffe Jeanne, et qu'il regarde-là.
A fa réponfe et fage et mefurée,
Le Roi vit bien qu'elle était infpirée.
 « Ah bien, dit-il, fi vous en favez tant,
« Filles de bien ; dites-moi dans l'inftant,

         « Ce

" Ce que j'ai fait cette nuit á ma belle ;

" Mais parlez net. *Rien du tout*, lui dit-ílle.

Le Roi fupris foudain s'agenouilla,

Cria tout haut *miracle*, et fe figna.

Incontinent la cohorte fourée,

Bonnet en téte, Hippocrate à la main,

Vient pour tâter le pertuis et le fein

De la guerriere entre leurs mains livrée :

On la met nuë, et Monfieur le Doyen

Ayant le tout confideré très-bien,

Deffus, deffous, expédie à la belle

En patchemin un brevet de pucelle ;

L'efprit tout fier de ce brevet facré,

Jeanne foudain d'un pas délibéré

Retourne au Roi devant lui s'agenouille,

Et déployant la fuperbe dépouille

Que fur l'Anglois elle à prife en paffant

" Permets, dit-elle, ô mon Maître puiffant

" Que fous tes loix la main de ta Servante

" Ofe vanger la France gémiffante,

" Je remplirai tes oracles divins,

" J'ofe à tes yeux jurer par mon courage,

" Par cette-épée et par mon pucelage

" Que tu fera bientôr huilé dans Rheims.

" Tu chafferas les Angloifes cohortes

" Qui d'Orleans environnent les portes.

" Viens accomplir les auguftes deftins

" Viens et de Tours abandonnant la rive

" Dès ce moment fouffre que je te fuive.

Les Courtifans autour d'elle preffés,

Les yeux au Ciel et vers Jeanne addreffés,

Battent des mains, l'admirent, la fecondent.

Cent cris de joye à fon difcours répondent,

Dans cette foule il n'eft point de guerrier

Qui

Qui ne voulut lui fervir d'écuyer,
Porter fa lance, et lui donner fa vie;
Il n'en eft point qui ne foit poffedé
Et de la gloire et de la noble envie
De lui ravir ce qu'elle a tant gardé.
Prêt à partir chaque Officier s'empreffe.
L'un prend congé de fa vieille maîtreffe,
L'un fans argent va droit à l'ufurier,
L'autre à fon hôte, et compte fans payer.
Denis a fait déployer l'oriflamme.

A cet afpect le Roi Charle s'enflamme
D'un noble efpoir à fa valeur égal.
Cet étendart aux ennemis fatal,
Cette Héroïne, et cet Ane aux deux aîles
Tout lui promit des palmes immortelles.

Denis voulut en partant de ces lieux,
Des deux Amants épargner les adieux,
On eût verfé des larmes trop améres
On eût perdu des heures toujours chères.
Agnês dormait, quoi qu'il fut un peu tard,
Elle étoit loin de craindre un tel départ.
Un fonge heureux dont les erreurs la frappent
Lui retraçoit des plaifirs qui s'échapent.
Elle croyoit tenir entre fes bras
Le cher Amant dont elle eft Souveraine ;
Songe flatteur tu trompois fes apas.
Son Amant fuit, et Saint Denis l'entraine.
Tel dans Paris un Médecin prudent
Force au régime un malade gourmand,
A l'appetit fe montre inéxorable,
Et fans pitié le fait fortir de table;

CHANT TROISIEME.

Description du Palais de la sottise. Combat vers Orléans. Agnès se revêt de l'armure pour aller trouver son Amant : elle est prise par les Anglais, et sa pudeur souffre beaucoup.

CE n'est le tout d'avoir un grand courage,
   Un coup d'œil ferme au milieu des combats,
D'être tranquile à l'aspect du carnage,
Et de conduire un monde de soldats ;
Car tout cela se voit en tout climats,
Et tour à tour ils ont cet avantage.
Qui me dira si nos ardens Français ?
Dans ce grand art, l'art affreux de la guerre !
Sont plus savans que l'intrépide Anglais :
Si le Germain l'emporte sur l'Ibére.
Tous ont vaincus, tous ont étés défaits,
Le grand Condé fut battu par Turenne,
Le fier-Villars fut vaincu par Eugène ;
De Stainslas le verteux suport
Ce Roi soldat, Don Quichotte du Nord!
Dont la valeur a paru plus qu'humaine,
N'a t'il pas vu dans le fonds de l'Ukraine
A Pultava tous ses lauriers flétris,
Par un rival objet de ses mépris!

Un

Un beau secret serait à mon avis
De bien savoir ébloüir le vulgaire,
De s'établir un Divin caractère,
D'en imposer aux yeux des ennemis :
Car les Romains à qui tout fut soumis
Domptaient l'Europe au milieu des miracles.
Le Ciel pour eux prodigua les oracles.
Jupiter, Mars, Pollux et tous les Dieux
Guidaient leur Aigle, et combattaient pour eux.
Ce grand Bacchus qui mît l'Asie en cendre,
L'antique Hercule et le fier Alexandre
Pour mieux régner sur les peuples conquis
De Jupiter ont passé pour les fils.
Et l'on voyait les Princes de la terre
A leurs genoux redouter le tonnerre.

    Denis suivît ces exemples fameux,
Il prétendit que Jeanne la pucelle
Chez les Anglais passât même pour telle
Et que Betfort, et Talbot, et Chandos
Et Tirconel, qui n'étaient pas des sots,
Crussent la chose, et qu'ils vissent dans Jeanne
Un bras divin fatal à tout profane.

    Il s'en va prendre un vieux Bénédictin,
Non tel que ceux dont le travail immense
Vient d'enrichir les Libraires de France !
Mais un Prieur engraissé d'ignorance,
Et n'ayant lu que son missel Latin.
Frére Lourdis fut le bon personage
Qui fut choisi pour ce nouveau voyage.

    Devers la lune où l'on tient que jadis
Etait placé des fous, le Paradis.
Vers les confins de cet abime immense
Où le cahos, et l'Erébe et la nuit
Avant les tems de l'univers produit

Ont

Ont exercé leur aveugle puiſſance,
Il eſt un vaſte et caverneux ſéjour
Peu careſſé des doux rayons du jour,
Et qui n'a rien qu'une lumiére affreuſe
Faible, tremblante, incertaine et trompeuſe.
Pour tout étoile on a des feux folets.
L'air eſt peuplé de petits farfadets.
De ce pays la Reine eſt la ſottiſe.

Ce viel enfant porte une barbe griſe,
Oreille longue avec un chef pointu,
Bouche béante, œil louche, pied tortu.
De l'ignorance elle eſt, dit-on, la fille.
Près de ſon trône eſt ſa ſotte famille,
Le ſol orgueil, l'opiniatreté,
Et la pareſſe et la crédulité:
Elle eſt ſervie, elle eſt flattée en Reine,
On la croirait en effet Souveraine.
Mais ce n'eſt rien qu'un fantôme impuiſſant
Un Chilperic, un vrai Roi fainéant.
La fourberie eſt ſon miniſtre avide
Tout eſt réglé par ce Maitre perfide;
Et la ſottiſe eſt ſon digne inſtrument.

Sa Cour pléniére eſt à ſon gré fournie
De gens profonds en fait d'aſtrologie,
Surs de leur art, à tous momens déçús
Duppes, frippons, et partant toujours crus.
C'eſt-la qu'on voit les maîtres d'alchimie
Faiſant de l'or, et n'ayant pas un ſou,
Les roſes-croix, et tout ce peuple fou
Argumentant ſur la Théologie.

Le gros Lourdis pour aller en ces lieux
Fut donc choiſi parmi tous ſes confréres.
Lorſque la nuit couvroit le front des Cieux
D'un tourbillon de vapeurs non légéres.

Enveloppé

Enveloppé dans le sein du repos,
Il fut conduit au paradis des sots.
Quand il y fut il ne s'étonna guères,
Tout lui plaisait, et même en arrivant
Il crut encor être dans son couvent.
Il vit d'abord la suite emblématique
Des beaux tableaux de ce séjour antique.

Caco-Démon qui ce grand temple orna
Sur la muraille à plaisir grifonna
Un long tableau de toutes nos sottises,
Traits d'étourdi, pas de clerc, balourdises
Projets mal faits, plus mal exécutés
Et tous les mois du mercure vantez.

Dans cet amas de merveilles confuses,
Parmi ces flots d'imposteurs et de buses,
On voit surtout un superbe Ecossais
Laws est son nom; nouveau Roi des Français
D'un beau papier il porte un diadéme,
Et sur son front il est écrit *systême*,
Environné de grands balots de vent,
Sa noble main les donne à tous venant;
Prêtres, catins, guerriers, gens de justice
Lui vont porter leur or par avarice.

Ah quel spectacle! Ah vous êtes donc la!
Tendre Escobar, suffisant Molina,
Petit Doucin dont la main pateline
Donne à baiser une bulle Divine
Que le Tellier lourdement fabriqua,
Dont Rome même en secret se moqua,
Et qui chez nous est la noble origine
De nos partis, de nos divisions,
Et qui pis est de volumes profonds
Remplis, dit-on, de poisons hérétiques,
Tous poisons froids, et tous soporifiques.

Les combattans nouveaux Bellérofons,
Dans cette nuit montés sur des chimères
Les yeux bandés cherchent leurs adversaires;
De long siflets leur servent de clairons,
Et dans leur docte et sainte frénésie
Ils vont frappans à grands coups de vessie.
Ciel, que d'écrits! de disquisitions,
De mandemens et d'explications !
Que l'on explique encor pour de s'entendre?
O Croniqueur des héros du Scamandre,
Toi qui jadis des grenouilles, des rats
Si doctement as chanté les combats,
Sors du tombeau, viens célébrer la guerre
Que pour la bulle on fera sur la terre.
Le Janseniste esclave du destin,
Enfant perdu de la grace efficace
Dans ses drapeaux porte un Saint Augustin,
Et pour *plusieurs*, il marche avec audace.
Les ennemis s'avancent tout courbés
Dessus le dos de cent petits Abbés.
  Cessez, cessez, ô discordes civiles?
Tout va changer; place, place imbéciles.
Un grand tombeau sans ornement sans art
Est élevé non loin de Saint Médard.
L'esprit divin pour éclairer la France
Sous cette tombe enferme sa puissance.
L'aveugle y court; et d'un pas chancelant
Aux quinze-vingt retourne en tâtonnant,
Le boiteux vient clopinant sur sa tombe,
Crie *Hosanna*, saute, gigotte, et tombe.
Tout aussitôt de pauvres gens de bien
D'aise pâmés, vrais témoins de miracle
Du bon Pâris baisent le tabernacle.
Frére Lourdis fixant ses deux gros yeux

Voit

Voit ce faint œuvre, en rend graces aux Cieux ;
Joint les deux mains, et riant d'un fot rire
Ne comprend rien, et toute chofe admire !
   Ah ! le voici ce favant tribunal
Moitié Prelats, et moitié monacal !
D'Inquifiteurs une troupe facrée,
Eft-là pour DIEU de Sbires entourée.
Ces faints Docteurs affis en jugement
Ont pour habit plumes en chathuant ;
Oreilles d'âne ornent leur têfe augufte ;
Et pour pefer le jufte avec l'injufte ;
Le vrai, le faux, balance eft dans leurs mains.
Cette balance a deux larges baffins ;
L'un tout comblé contient cequ'ils excroquent
Le bien, le fang des Pénitens qu'ils croquent
Dans l'autre font bulles, brefs, *orémus*,
Beaux chapelets, fcapulaires, agnus.
Aux pieds bénits de la docte affemblée
Voyez-vous pas le pauvre Galilée,
Qui tout contrit leur demande pardon ;
Bien condamné pour avoir eu raifon ?
   Murs de Loudun, quel nouveau feu s'alume ?
C'eft un Curé que le bucher confume :
Douze faquins ont déclaré forcier
Et fait griller Meffire Urbain *Grandier*.
   Galigai, ma chere Maréchale,
Ah, qu'aux favans nôtre France eft fatale !
Car, on te chaufe en feu brillant et clair,
Pour avoir fait pafte avec Lucifer.
Je vois plus loin cet areft autentique
Pour Ariftote, et contre l'émétique.
   Venez, venez mon beau pére Girard,
Vous méritez un long article à part.
Vous voilà donc mon confeffeur de fille

                                  Tendre

Tendre dévot qui préchez à la grille.
Que dites-vous des pénitens apas
De ce tendron converti dans vos bras ?
J'eſtime fort cette douce avanture.
Tout eſt humain Girard en vôtre fait :
Ce n'eſt pas la pécher contre nature :
Que de dévots en ont encor plus fait !
Mais mon ami je ne m'attendais guere
De voir le Diable entrer en cette affaire.
Girard, Girard ! tous tes accuſateurs,
Jacobin, carme, et faiſeurs d'Ecriture,
Juges, témoins, ennemis, protecteurs,
Aucun de vous n'eſt ſorcier, je vous jure.

   Lourdis était auſſi de ce tableau ;
Mais à ſes yeux il n'en put rien paraitre.
Il ne vit rien ; le cas n'eſt-pas nouveau.
Le plus habile a peine à ſe connaitre.

   Quand vers la Lune ainſi l'on préparait
Contre l'Anglais cet innocent miſtère.
Une autre ſcêne en ce moment s'ouvrait,
Chez les grands fous du monde Sublunaire.
Charle eſt déja parti pour Orléans,
Ses étendarts flottent au gré des vents.

   A ſes cotés Jeanne le Caſque en tête
Déja de Rheims lui promet la conquête.
Voyez-vous pas ces jeunes Ecuyers,
Et cette fleur de Loyaux Chevaliers,
La lance au poing cette troupe environne
Avec reſpect notre Sainte Amazonne.
Ainſi l'on voit le ſexe maſculin
A Fontevraux ſervir le feminin.
Le Sceptre eſt là dans les mains d'une femme ;
Et pére Anſelme eſt béni par Madame.

La belle Agnés en ces cruels momens
Ne voyant plus son amant qu'elle adore
Céde au chagrin dont l'excès la dévore:
Un froid mortel s'empare de ses sens.
L'ami Bonneau toujours plein d'industrie
En cent façons la rapelle à la vie.
Elle ouvre encor ses yeux, ces doux vainqueurs !
Mais ce n'est plus que pour verser des pleurs:
Puis sur Bonneau se penchant d'un air tendre:
" C'en est donc fait, dit-elle on me trahit.
" Ou va-t-il donc ? que veut-il entreprendre ?
" Etait-ce là les sermens qu'il me fit
" Lorsqu'à sa flamme il me fit condescendre ?
" Toute la nuit il faudra donc m'étendre
" Sans mon amant, seule au milieu d'un lit.
" Jeanne opofée au bonheur de ma vie
" Non des Anglais, mais d'Agnès ennemie
" Va contre moy lui prévenir l'esprit.
" Ciel ! que je hais ces créatures fiéres,
" Soldats en juppe, hommaffes Chevaliéres,
" Du Sexe mâle affectant la valeur
" Sans poffeder les agrémens du notre
" A tous les deux prétendant faire honneur
" Et qui ne font ny de l'un ny de l'autre.
Difant ces mots elle pleure et rougit
Frémit de rage, et de douleur gémit
La jaloufie en ses yeux étincéle.
Puis tout à coup d'une rufe nouvelle
Le tendre amour lui fournit ce deffein.
Vers Orleans elle prend son chemin:
De Dame Alix et de Bonneau fuivie
Agnés arrive en une hotelleire,
Ou dans l'inftant laffe de chevaucher
La fiére Jeanne avait été coucher

F

Agnés

Agnès attend que tout ce logis tout dorme,
Et cependent subtilement s'informe
Où couche Jeanne, où l'on met fon harnois.
Puis dans la nuit fe gliffe en tapinois,
De Jean Chandos prend la culotte, et paffe
Ses cuiffes entre, et l'aiguillette lace ;
De l'amazone elle prend la cuiraffe.
Le dur acier forgé pour les combats,
Preffe et meurtrit fes membres délicats.
L'ami Bonneau la foutient fous les bras.
   La belle Agnés dit alors à voix baffe,
" Amour, amour, maître de tous mes fens,
" Donne la force à cette main tremblante,
" Fais moi porter cette armure péfante,
" Pour mieux toucher l'auteur de mes tourmens.
" Mon amant veut une fille guerriére,
" Tu fais d'Agnés un foldat pour lui plaire
" Je le fuivrai, qu'il permette aujourd'hui
" Que ce foit moi qui combatte avec lui,
" Et fi jamais la terrible tempéte
" Des dards Anglais vient ménacer fa tête,
" Qu'il tombent tous fur ces triftes apas,
" Qu'il foit du moins fauvé par mon trépas,
" Qu'il vive heureux, que je meure pâmée,
" Entre fes bras, et que je meure aimée.
Tandis qu'ainfi cette belle parlait,
Et que Bonneau, fes armes lui mettait,
Le Roi Charlot à trois milles était.
   La tendre Agnés prétend à l'heure même
Pendant la nuit aller voir ce qu'elle aime.
Ainfi vétuë et pliant fous le poids,
N'en pouvant plus, maudiffant fon harnois,
Sur un cheval elle s'en va juchée
Jambe meurtrie, et la feffe écorchée.

Le gros Bonneau fur un normand monté
Va lourdement et ronfle à fon côté.
Le tendre amant qui craint tout pour la belle
La voit partir et foupire pour elle.
    Agnés à peine avait gagné chemin,
Qu'elle entendit devers un bois voifin
Bruit de Chevaux, et grand cliquetis d'armes.
Le bruit redouble, et voici des gens d'armes,
Vêtus de Rouge, et pour comble de maux,
C'était les gens de Monfieur Jean Chandos.
L'un d'eux s'avance et demande, *qui vive ?*
    A ce grand cri notre amante haïve
Songeant au Roi, répondit fans détour,
Je fuis Agnés, vive France, et l'amour.
A ces deux noms que le Ciel équitable
Voulut unir du nœud le plus durable,
On prend Agnés et fon gros confident,
Ils font tous deux menés incontinent
A Jean Chandos, qui terrible en fa rage
Avait juré de vanger fon outrage,
Et de punir les brigans ennemis
Qui fa culotte et fon fer avaient pris.
    Dans ces momens où la main bien faifante
Du doux fommeil laiffe nos yeux ouverts,
Quand les oifeaux reprennent leurs concerts,
Qu'on fent en foi fa vigueur renaiffante,
Que les défirs pères des voluptés
Sont par les fens dans notre ame excités,
Dans ces momens Chandos on te préfente
La belle Agnés, plus belle et plus brillante
Que le foleil au bord de l'Orient.
Que fentis-tu, Chandos en t'éveillant ?
Lors que tu vis cette nymphe fi belle
A tes côtés, et tes grégues fur elle !

F 2   Chandos

Chandos preffé d'un aiguillon bien vif
La regardait de fon regard lafcif.
Agnès en tremble, et l'entend qu'il marmote
Entre fes dents : *je t'aurai ma Culotte.*
   A fon chevet d'abord il la fait feoir
" Quittez, dit-il, ma belle prifonnière,
" Quittez ce poids d'une armure étrangère,
Ainfi parlant plein d'ardeur et d'efpoir
Il la décafque, il vous la décuiraffe,
La belle Agnès s'en deffend avec grace,
Elle rougit d'une aimable pudeur
Penfant a Charle, et foumife au vainqueur.
   Le gros Bonneau que le Chandos deftine
Au digne emploi de chef de fa cuifine,
Va dans l'inftant mériter cet honneur.
Des boudins blancs, il étoit l'inventeur,
Et tu lui dois, ô Nation Françoife!
Patés d'anguille, et gigots à la braife.
   " Monfieur Chandos, hélas que faites vous?
" Difait Agnès d'un ton timide et doux.
" Par dieu, dit-il (tout Héros Anglais jure)
" Quelqu'un m'a fait une fanglante injure,
" Cette Culotte eft mienne, et je prendrai
" Ce qui fut mien où je le trouverai.
   Parler ainfi, mettre Agnès toute nue,
C'eft même chofe, et la belle épendue
Tout en pleurant étoit entre fes bras,
Et lui difait, non je n'y confens pas.
   Dans l'inftant même un horrible fracas
Se fait entendre, on crie, alerte, aux armes,
Et la trompette organe du trépas
Sonne la charge, et porte les allarmes.
A fon réveil Jeanne cherchant en vain
L'affublement du harnois mafculin,

Soŋ

Son bel armet ombragé de l'aigrette
Et son hautbert, et sa large braguette,
Sans raisonner saisit soudainement,
D'un Ecuyer le dur accoutrement,
Monte à cheval sur son âne ; et s'écrie
" Venez venger l'honneur de la Patrie.
Cent Chevaliers s'empressent sur ses pas.
Ils sont suivis de six cent vingt soldats.

    Frére Lourdis en ce moment de crise
Du beau palais où régne la sottise
Est descendu chez les Anglais guerriers,
Environné d'atomes tout grossiers ;
Sur son gros dos portant balourderies,
Oeuvres de Moine, et belles âneries.
Ainsi bâté sitôt qu'il arrivâ
Sur les Anglois sa robe il sécoua.
Son ample robe, et dans leur camp versâ
Tous les trésors de sa crasse ignorance,
Trésors communs au bon pays de France.
Ainsi des nuits la noire Deité
Du haut d'un char d'ébéne marqueté
Répand sur nous les pavots et des songes,
Et nous endort dans le sein des mensonges.

CHANT

CHANT QUATRIEME.

La Pucelle et Dunois combattent les An-
glais. Ce qui leur arrive dans le château
de Conculix.

SI j'étais Roi je voudrais être juſte,
  Dans le repos maintenir mes ſujets,
Et tous les jours de mon Empire auguſte
Seraient marqués par de nouveaux bienfaits.
Que ſi j'étais Controlléur des finances,
Je donnerais à quelques beaux eſprits
Par-ci, par-là de bonnes ordonnances ;
Car après tout leur travail vaut ſon prix.
Que ſi j'étais Archevêque à Paris,
Je tacherais avec le Moliniſte
D'aprivoiſer le rude Janſéniſte.
  Mais ſi j'aimais une jeune beauté
Je ne voudrais m'éloigner d'auprès d'elle,
Et chaque jour une fête nouvelle
Chaſſant l'ennui de l'uniformité,
Tiendrait ſon cœur en mes fers arrêté :
Heureux Amans que l'abſence eſt cruelle !
Que de dangers on eſſuye en amour !
On riſque hélas dès qu'on quitte ſa belle
D'être cocu deux où trois fois par jour.
Le preux Chandos à peine avait la joye
De s'ébaudir ſur ſa nouvelle proye,
Quand tout-à-coup Jeanne de rang en rang

Porte

Porte la mort et fait couler le sang.
De Débora la redoutable lance
Perce Dildo si fatal à la France,
Lui qui pilla les trésors de Clervaux,
Et viola les sœurs de Fontevraux.
D'un coup nouveau les deux yeux elle crève
A Fonkinar digne d'aller en grève.
Cet impudent né dans les durs climats
De l'hibernie au milieu des frimats,
Depuis trois ans faisait l'amour en France
Comme un enfant de Rome ou de Florence.
Elle terrasse et Milord Halifax
Et son cousin l'impertinent Borax,
Et Midarblou qui renia son pére,
Et Bartonay qui fit cocu son frére.
A son exemple on ne voit Chevalier,
Il n'est gendarme, il n'est bon écuyer
Qui dix Anglais n'enfile de sa lance.
La mort les suit, la terreur les devance.
Ils croïaient voir en ce moment affreux.
Un DIEU puissant qui combat avec eux.
  Parmi le bruit de l'horrible tempête
Frére Lourdis crioit à pleine tête;
" Elle est pucelle; elle a fait des miracles,
" Contre son bras vous n'avez point d'obstacles.
" Vite à genoux excrémens d'Albion,
" Demandez-lui sa bénédiction.
Certain Anglais écumant de colére
Incontinent fait empoigner le Frére:
On vous le lie; et le Moine content
Sans s'émouvoir continuait criant :
" Je suis Martir; Anglais il me faut croire.
" Elle est pucelle; elle aura la victoire.
L'homme est crédule, et dans son faible cœur

Tout est reçu ; c'est une molle argile;
Mais que surtout il paroit bien facile
De nous surprendre et de nous faire peur !
   Du bon Lourdis le discours extatique
Fit plus d'effet sur le cœur des soldats,
Que l'amazone et sa troupe héroïque
N'en avaient fait par l'effort de leurs bras.
Ce vieil instinct qui fait croire aux prodiges,
L'esprit d'erreur, le trouble, les vertiges,
La froide crainte et la confusion
Sur les Anglais répandent leur poison.
Les cris perçants, et les clameurs qu'ils jettent,
Les hurlemens que les echos repetent
Et la trompette et le bruit des tambours
Font un vacarme à rendre les gens sourds,
Le grand Chandos toujours plein d'assurance
Leur crie : enfans Conquérans de la France,
Marchez à droite: il dit, et dans l'instant
On tourne à gauche, et l'on fuit en jurant.
Ainsi jadis dans ces plaines fécondes
Qui de l'Euphrate environnent les ondes
Quand des humains l'orgueil capricieux
Voulut bâtir près des voutes des Cieux.
DIEU ne voulant d'un pareil voisinage
En cent jargons transmua leur langage.
Sitôt qu'un d'eux à boire demandait
Plâtre où mortier d'abord on lui donnait ;
Et cette gent de qui DIEU se moqualt,
Se sépara laissant-là son ouvrage.
   L'on fait bientôt aux remparts d'Orléans
Ce grand combat contre les assiégeans;
La renommée y vole à tire d'aile,
Et va prônant le nom de la *pucelle* ;
Vous connoissez l'impétueuse ardeur

De nos Français. Ces fous font pleins d'honneur,
Ainſi qu'au bal ils vont tous aux barailles.
Déja Dunois la gloire des bâtards,
Dunois qu'en Gréce on aurait pris pour Mars
Et la Trimouille, et la Hire, et Saintrailles
Et Richemont ſont ſortis des murailles,
Croyant deja chaſſer les ennemis,
Et criant tous ; où ſont-ils ; où ſont-ils ?

Ils n'étaient pas bien loin ; car prés des portes
Sire Talbot, homme de très grand ſens,
Pour s'oppoſer à l'ardeur des nos gens
En embuſcade avait mis dix cohortes.
Nos Chevaliers à peine ont fait cent pas,
Que ce Talbot leur tombe fur les bras ;
Mais nos Français ne s'étonnèrent pas.

Champ d'Orleans, noble et petit théatre
De ce combat terrible, opiniatre,
Le ſang humain dont vous fûtes converts
Vous engraiſſa pour plus de cent hivers.
Jamais les champs de Zama, de Pharſale,
De Malplaquet la Campagne fatale
Célébres lieux couverts de tant de morts
N'ont vû tenter de plus hardis efforts.
Vous euſſiez-vû les lances hériſſées,
L'une fur l'autre en cent tronçons caſſées,
Les Ecuyers, les chevaux-renverſés
Deſſus leurs pieds dans l'inſtant redreſſés,
Le feu jaillir des coups de cimeterre,
Et du ſoleil redoubler la lumière,
De tous côtés, voler tomber a bas
Epaules, nez, mentons, pieds, jambes, bras.
Du haut des Cieux les anges de la guerre,
Le fier Michel et l'exterminateur,
Et des Perſans le grand flagellateur

Avai-

Avaient les yeux attachés fur la terre
Et regardaient ce combat plein d'horreur.
   Michel alors prit la vaste balance
Où dans le Ciel on péfe les humains.
D'une main fure il pefa les Deftins
Et les Héros d'Angleterre et de France.
Nos Chevaliers pefés exactement
Légers de poids par malheur fe trouvérent :
Du vieux Talbot les deftins l'emportèrent :
C'était du Ciel un fecret jugement.
Le Richemont fe voit incontinent
Percê d'un trait de la hanche à la feffe.
Le vieux Saintraille au deffus du genou,
Le beau la Hire ; ah je n'ofe dire où ;
Mais que je plains fa gentille maîtreffe !
Dans uu marais la Trimouille enfoncê
N'en put fortir qu'avec un bras caffé :
Donc à la ville il fallut qu'ils revinffent
Tout éclopés, et qu'au lit ils fe tinffent.
Voila comment ils furent bien punis,
Car ils s'étaient moqués de Saint Denis.
Comme il lui plait DIEU fait juftice où grace :
Quênel l'a dit ; nul ne peut en douter.
Or il lui plut le batard excepter
Des étourdis dont il punit l'audace.
Un chacun d'eux laidement ajufté
S'en retournait fur un brancard portê,
En maugréant et Jeanne et fa fortune.
Dunois n'ayant égratignûre aucune
Pouffe aux Anglais plus prompt que les éclairs.
Il fend leurs rangs ; fe fait jour à travers,
Paffe, et fe trouve aux lieux où la pucelle
Fait tout tomber, où tout fuir devant elle.
Quand deux torrens l'effroi des laboureurs

Précipités du sommet des montagnes
Mêlent leurs flots, assemblent leurs fureurs,
Ils vont noyer l'espoir de nos campagnes ;
Plus dangereux étaient Jeanne et Dunois,
Unis ensemble et frapants à la fois.
Dans leur ardeur si bien ils s'emportèrent,
Si rudement les Anglais ils chasserent.
Que de leurs gens bientôt ils s'ecarterent.
La nuit survint ; Jeanne et l'autre Héros
N'entendant plus ni Français ni Chandos
Font tous deux alté en criant *vive France.*
    Au coin d'un bois où régnait le silence :
Au clair de Lune ils cherchent le chemin,
Ils viennent ; vont, tournent, le tout en vain ;
Enfin rendus ainsi que leur monture,
Mourans de fin et lassés de chercher ;
Ils maudissaient la fatale avanture
D'avoir vaincu sans savoir où coucher.
Tel un vaisseau sans voile, sans boussole
Tournoïe au gré de Neptune et d'Eole,
    Un certain chien qui passa tout auprès
Pour les sauver sembla venir exprès ;
Ce chien aproche, il jappe, il leur fait fête
Virant sa queue et portant haut sa tête :
Devant eux marche, et se tournant cent fois
Il paraissait leur dire en son patois ;
Venez par-là ; Messieurs, suivez-moi vite ;
Venez vous dis-je, et vous aurez bon gîte.
Nos deux Héros entendirent fort bien
Par ces façons ce que voulait ce chien.
Ils suivent donc guidez par l'espérance,
En priant DIEU pour le bien de la France
Et se faisant tous deux de tems en tems
Sur leurs exploits de trés beaux compliments.

Du coin lafcif d'une vive prunelle
Dunois lorgnait malgré lui la pucelle,
Mais il favait qu'à fon bijou caché
De tout l'Etat le fort eft attaché,
Et qu'à jamais la France eft ruinée
Si cette fleur fe cueille avant l'année.
Il étouffait noblement fes defirs
Et préferait l'Etat à fes plaifirs.

Au point du jour aparut à leur vûe
Un beau Palais d'une vafte étendue.
De marbre blanc était bati le mur;
Une dorique et longue colonade
Porte un balcon formé de jafpe pur;
De porcelaine était la baluftrade,
Nos paladins enchantés, éblouïs
Crurent entrer tout droit en Paradis.

Le chien aboye; auffi-tôt vingt trompettes
Se font entendre, et quarante eftafiers
A pourpoints d'or, à brillantes braguettes
Viennent s'offrir à nos deux Chevaliers,
Tres-galamant deux jeunes écuyers
Dans le Palais par la main les conduifent,
Dans des bains d'or filles les introduifent
Honnêtement; puis lavés, effuyés
D'un déjeuner amplement feftoyès
Dans de beaux lits brodés ils fe coucherent
Et jufqu'au foir en Héros ils ronflèrent.

Il faut favoir que le Maître et Seigneur
De ce logis digne d'un Empereur,
Etait le fils de l'un de ces Génies
Des vaftes Lieux habitants éternels,
De qui fouvent les grandeurs infinies,
S'humanifaient chez les faibles mortels.
Or cet efprit mélant fa chair divine

Avec

Avec la chair d'une bénédictine,
En avait eu le Seigneur Conculix,
Grand Négromant et le très digne fils
De cet incube et de la mére Alix.
　Le jour qu'il eut quatorze ans accomplis,
Son géniteur defcendant de fa fphére
Lui dit, mon fils tu me dois la lumiére;
Je viens te voir, tu peux former des vœux,
Souhaite, parle, & je te rends heureux,
Le Conculix né très voluptueux
Et digne en tout de fa noble origine,
Dit; je me fens de race bien divine
Car, je raffemble en moi tous les défirs;
Et je voudrais avoir tous les plaifirs.
De voluptez raffafiez mon ame
Je veux aimer comme homme & comme femme,
Etre la nuit du fexe feminin,
Et tout le jour du fexe mafculin.
L'incube dit: tel fera ton deftin ;
Et dès ce jour la ribaude figure
Jouit des droits de fa double nature.
Mais Conculix avait oublié net,
De demandar un don plus néceffaire,
Un don fans quoi nul plaifir n'eft parfait ;
Un don charmant, eh quoi ? celui de plaire.
Dieu pour punir ce génie effréné
Le rendit laid comme un Diable encorné ;
Et l'impudique avait deffous le linge
Odeur d'un bouc & poil gris d'un vieux finge.
Pour comble enfin de lui-même charmé,
Il fe croyait tout fait pour être aimé.
De tous côtés on lui cherchait des belles
Des bacheliers, des pages, des pucelles,
Et fi quelq'un à ce monftre lafcif

N'ac-

N'accordait pas le plaifir malhonnête,
Bouchait fon nez où détournait la tête,
Il était fur d'etre empalé tout vif.
Le foir venu Conculix étant femme,
Un farfadet de la part de Madame
S'en vint prier Monfeigneur le batard,
De vouloir bien defcendre fur le tard
Dans l'entrefol, tandis qu'en compagnie;
Jeanne foupait avec cérémonie.
Le beau Dunois tout parfumé defcend
Chez Conculix, un foupé fin l'attend:
Madame avait prodigué la parure,
Le Diamans furchargeaient fa coeffure ;
Un gros cou jaune & fes deux bras quarrez,
Sont de rubis, de perles entourez,
Elle en était encor plus éffroiable.

Elle le preffe au fortir de la table
Dunois trembla pour la première fois !
Des Chevaliers c'était le plus courtois.
Il eut voulu de quelque politeffe,
Payer au moins les foins de fon hôteffe.
Et du tendron contemplant là laideur ;
Il fe difait; j'en aurai plus d'honneur.
Il n'en eut point : le plus brillant courage
Peut quelque fois effuyer cet outrage.

Lors Conculix qui le crut impuiffant
Chaffa du lit le guerrier languiffant,
Et prononça la fentence fatale ;
Criant aux fiens, *fergents, qu'on me l'empale.*
Le beau Dunois vit faire incontinent
Tous les aprêts de ce grand chatiment,
Ce fier guerrier, l'honneur de fa Patrie
S'en va périr au printems de fa vie.
Dedans la Cour il eft conduit tout nû

Pour

Pour être affis fur un baton pointu.
Déja du jour la belle avant-couriére
De l'Orient entrou, vrait la barriére.
Or vous favez que cet inftant préfix
Changeait Madame en Monfieur Conculix.
Alors brûlant d'une flamme nouvelle
Il s'en va droit au lit de la pucelle,
Les rideaux tire, et lui fourant au fein
Les dogits velus d'une gluante main,
Il a déja l'héroine infectée,
D'un gros baifer de fa bouche empeftée :
Plus il s'agite, et plus il devient laid.
Jeanne qu'anime une chrêtienne rage
D'un bras nerveux lui détache un fouflet
A poing fermé fur fon vilain vifage.
Le magot tombe et roule en bas du lit,
Les yeux pochés, et le nez tout meutrit,
Il crie, il heurle ; une troupe profane
Vient à-fon aide ; on vous empoigne Jeanne ;
On va punir fa fiére cruauté
Par l'inftrument chez le Turcs ufité.
De fa chemife auffi-tôt dépouillée
De coups de fouet en paffant flagellée
Elle eft livrée aux cruels empâleurs.
  Le beau Dunois foumis à leurs fureurs
N'attendant plus que fon heure derniére,
Faifait à DIEU fa dévote priére.
Mais une œuillade impérieufe et fiére,
De tems en tems étonnait les boureaux !
Et fes regards difaient, *c'eft un Héros.*
Mais quand Dunois eut vû fon Héroine
Des fleurs de lys vangereffe divine !
Prête á fubir cette éffroyable mort ;
Il déplora l'inconftance du fort :

De

De la pucelle il contempla les charmes
Et regardant les funeftes aprêts
De ce trépas, il répandit dés larmes,
Que pour lui-même il ne vêrfa jamais.

   Non moins fuperbe et non moins charitable
Jeanne aux frayeurs toujours impénétrable .
Languiffamment le beau batard lorgnait,
Et pour lui feul fon grand cœur gémiffait.
Leur nudité, leur beauté, leur jeuneffe
Dans leur pitié mêlaient trop de tendreffe.
Leurs feux fecrets par un deftin nouveau
Ne s'échapaient qu'au bord de leur tombeau :
Et cependant l'animal amphibie
A fon dèpit joignant la jaloufie
Faifait aux fiens l'effroyable fignal
Qu'on embrochat le couple déloyal.

   Dans ce moment une voix de tonnerre
Qui fit trembler et les airs et la terre,
Crie, *arrêtez, gardez-vous d'empâler.*
N'empalez pas. Ces mots font reculer
Les fiers licteurs. On regarde, on avife
Sous le portail un grand-homme d'Eglife,
Coëffé d'un froc, les reins ceints d'un cordon.

   On reconnut le Père Grifbourdon.
Ainfi qu'un chien dans la forêt voifine
Ayant fenti d'une adroite narine
Le doux fumét, et tous ces petits corps ;
Sortant au loin de quelque cerf dix-cors ;
Il le pourfuit d'une courfe légére,
Et fans le voir par l'odorat mené
Franchit foffés, fe gliffe en la bruyére
Et d'autres cerfs il n'eft point détourné :
L'indigne fils de Saint Francois d'Affife
Porté toûjours fur fon lourd muletier

De la pucelle a fuivi le fentier,
Courant fans ceffe et ne lâchant point prife.
En arrivant il criâ Conculix,
« Au nom du diable et par les eaux du Stix,
« Par le Demon qui fut ton digne pére ;
« Sauve le jour à l'objet de mes vœux.
« Regarde moi ; je viens payer pour deux.
« Si ce guerrier et fi cette pucelle
« N'ont pû remplir avec toi leur devoir,
« Je tiendrai lieu de ce couple rebelle.
« D'un Cordelier éprouve le pouvoir.
« Tu vois de plus cet animal infigne
« Ce mien mulet de me porter fi digne.
« Je t'en fais don, c'eft pour toi qu'il eft fait ;
« Et tu diras, tel moine, tel mulet,
« Laiffons aller ce gendarme profane.
« Qu'on le délie, et qu'on nous laiffe Jeanne,
« Nous demandons tous deux pour digne prix
« Cette beauté dont nos cœurs font épris.
    On vous dira qu'il n'eft point de femelle
Tant pudibonde, et tant vierge fut-elle,
Qui n'eut été fort aife en pareil cas ;
Mais la pucelle aimait mieux le trépas :
Et ce fecours infernal et lubrique
Semblait horrible à fon ame pudique.
Elle pleurait, elle implorait les Cieux ;
Et rougiffant de fe voir ainfi nuë,
De tems en tems fermant fes triftes yeux
Ne voyant point, penfait n'être point vuë.
    Le beau Dunois étoit défefperé.
« Quoi difait-il, ce pendart décloitré
« Aura ma Jeanne et perdra ma Patrie !
« Tout va ceder à ce forcier impie,

H   « Tan-

" Tandis que moi difcret jufqu'a ce jour
" Modeftement je cachais mon amour.
Pour Conculix le difcours énergique
Du Cordelier, fit fur lui grand effet.
Il accepta le marché féraphique,
" Ce foir, dit-il, vous et vôtre mulet
" Tenez-vous prets. Cependant je pardonne
" A ces Français et vous les abandonne.

Le Moine alors d'un air d'autorité
Frapâ trois coups fur l'animal bâté,
Puis fit un cercle, et prit de la poufliére
Que fur la bête il jetta par derriére,
En lui difant, ces mots toujours puiffants
Que Zoroaftre enfeignait aux Perfans.

A ces grands mots dits en langue du Diable,
(O grand pouvoir, ô merveille ineffable !)
Nôtre mulet fur deux pieds fe dreffa
Sa tête oblongue en ronde fe changea,
Ses longs crins noirs petits cheveux devinrent,
Sous fon bonnet fes oreilles fe tinrent.
Ainfi jadis ce fublime Empereur
Dont DIEU punit le cœur dur et fuperbe,
Sept ans cheval et fept ans nourri d'herbe,
Redevint homme ; et n'en fut pas meilleur.

Du ceintre bleu de la célefte fphére
Denis voyait avec des yeux de pére
De Jeanne d'Arc le trifte et piteux cas ;
Il eut voulu s'élancer ici bas ;
Mais il était lui-même en embarras.

Denis s'était attiré fur les bras
Par fon voyage une facheufe affaire.
Saint George était le Patron d'Angleterre ;
Il fe plaignit que Monfieur Saint Denis
Sans aucun ordre et fans aucun avis

A ſes Bretons eut fait ainſi la guerre.
George et Denis de propos en propos
Piquez au vif en vinrent aux gros mots.
Les Saints Anglais ont dans leur caractère
Je ne ſçais quoi de fier et d'inſulaire.
    Mais il eſt tems lecteur de m'arrêter.
Il faut fournir une longue carrière.
J'ai peu d'haleine, et je dois vous conter
L'événement de cette grande affaire ;
Dire comment ce nœud ſe débrouilla,
Ce que fit Jeanne ; et ce qui ſe paſſa
Dans les Enfers, au Ciel, et ſur la terre.

CHANT CINQUIEME.

Le Cordelier Grisbourdon qui avait voulu violer Jeanne, est en Enfer. Il raconte son avanture aux Diable.

O Mes amis, vivons en bons Chrétiens
C'est le parti, croyez moi qu'il faut prendre.
A son devoir il faut enfin se rendre.
Dans mon printems j'ai hanté des vauriens ;
A leurs desirs ils se livraient en proye ;
Souvent au bal, jamais dans le Saint Lieu,
Soupant, couchant chez des filles de joye,
Et se moquant des serviteurs de DIEU.
Qu'arrive-t-il ? La mort, la mort fatale
Au nez camart, à la tranchante faulx
Vient visiter nos diseurs de bons mots :
La fiévre ardente, à la marche inégale,
Fille du Stix, huissiére d'Atropos,
Porte le trouble en leurs petits cerveaux :
A leur chevet une garde, un notaire,
Viennent leur dire : allons il faut partir ;
Où voulez-vous, Monsieur, qu'on vous enterre ?
Lors un tardif et faible repentir
Sort a regret de leur mourante bouche.
L'un à son aide appelle Saint Martin,
L'autre Saint Roch, l'autre Sainte mitouche.
On Psalmodie, on braille du latin,
On les asperge ; hélas, le tout en vain.

Aux

Aux pied du lit se tapit le lutin,
Ouvrant la griffe, et lorsque l'ame échape
Du corps chétif, au passage il la hape,
Puis vous la porte au fin fond des Enfers,
Digne séjour de ces esprits pervers.
 Mon cher Lecteur, il est tems de te dire
Qu'un jour Satan Seigneur du sombre empire
A ses vassaux donnait un grand régal.
Il était fête au manoir infernal :
On avait fait une énorme recrue,
Et les demons buvaient la bien venue
D'un certain Pape et d'un gros Cardinal,
D'un Roi du Nord, de quatorze chanoines,
De deux Curés, et de quarante moines,
Tous frais venus du séjour des mortels,
Et dévolus aux brasiers éternels.
Le Roi cornu de la canaille noire
Se déridait entouré de ses Pairs.
On s'enivrait du nectar des Enfers,
On frédonnait quelques chansons à boire,
Lorsqu'a la porte il s'éléve un grand bruit :
Ah, bon jour donc, vous voilà, vous voici,
C'est lui, Messieurs, c'est le grand émissaire,
C'est Grisbourdon notre féal ami.
Entrez, entrez, et chauffez vous ici ;
Et bras dessus et bras dessous, beau pére,
Beau Grisbourdon, Docteur de Lucifer,
Fils de Satan, Apôtre de l'Enfer.
On vous l'embrasse, on le baise, on le serre ;
On vous le porte en moins d'un tour de main
Toujours baisé vers le lieu du festin.
Satan se leve, et lui dit : fils du Diable,
O des frapards ornement véritable!
Certes sitôt je n'espérais te voir.

Chez

Chez les humains tu m'étais nécessaire,
Qui mieux que toi peuplait notre manoir ?
Par toi la France était mon séminaire.
En te voyant je perds tout mon espoir.
Mais du destin la volonté soit faite,
Bois avec nous, et prends place à ma droite.
   Le cordelier plein d'une sainte horreur,
Baise à genoux l'Ergot de son Seigneur ;
Puis d'un air morne il jette au loin la vüe
Sur cette vaste et brulante étendue,
Séjour de feu qu'habitent pour jamais
L'affreuse mort, les tourments, les forsaits ;
Trône éternel où sied l'esprit immonde,
Abîme immense où s'engloutit le monde ;
Sépulcre où git la docte antiquité,
Esprit, amour, savoir, grace, beauté,
Et cette foule immortelle, innombrable,
D'enfans du Ciel créés tous pour le Diable.
Tu sais, lecteur, qu'en ces feux dévorans,
Les meilleurs Rois sont avec les tyrans.
Nous y plaçons Antonin, Marc-Aurèle,
Ce bon Trajan des Princes le modèle,
Ce doux Titus l'amour de l'Univers,
Les deux Catons ces fléaux des pervers,
Ce Scipion maître de son courage,
Lui qui vainquit et l'amour et carthage,
Vous y grillez sage et docte Platon,
Divin Homère, éloquent Ciceron,
Et vous Socrate enfant de la sagesse,
Martir de DIEU dans la profane Grèce,
Juste Aristide, et vertueux Solon,
Tous malheureux morts sans confession.
   Mais ce qui plus étonna Grisbourdon,
Ce fut de voir en la chaudière grande

Certains quidams Saints ou Rois, dont le nom
Ornent l'hiftoire et parent la Legende.
Un des premiers était le Roi Clovis.
Je vois d'abord mon lecteur qui s'étonne,
Qu'un fi grand Roi qui tout fon peuple a mis
Dans le chemin du Benoit paradis,
N'ait pu jouir du falut qu'il nous donne.
Ah, qui croirait qu'un premier Roi Chrêtien
Fût en effet damné comme un Payen?
Mais mon lecteur fe fouviendra très-bien.
Qu'être lavé de cette eau falutaire
Ne fuffit pas, quand le cœur eft gâté.
Or ce Clovis dans le crime empâté
Portait un cœur inhumain, fanguinaire.
Et Saint Remi ne put laver jamais
Ce Roi des Francs gangrené de forfaits.
Parmi ces grands, ces Souverains du Monde
Enfevelis dans cette nuit profonde,
On difcernait le fameux Conftantin.
Eft-il bien vrai criait avec furprife
Le moine gris! ô rigueur! ô deftin!
Quoi, ce Héros fondateur de l'Eglife,
Qui de la terre à chaffé les faux Dieux,
Eft defcendu dans l'Enfer avec eux?
Lors Conftantin dit ces triftes paroles:
" J'ai renverfé le culte des idoles,
" Sur les débris de leurs Temples fumans
" Au Dieu du Ciel j'ai prodigué l'encens,
" Mais tous mes foins pour fa grandeur fuprême,
" N'eurent jamais d'autre objet que moi-même.
" Les Saints autels n'étaient à mes regards
" Qu'un marche-pié du Trône des Céfars.
" L'ambition, les fureurs, les délices
" Etaient mes Dieux, avaient mes facrifices.

" L'or

" L'or des Chrétiens, léurs intrigues, leur fang
" Ont cimenté ma fortune, et mon rang.
" Pour conferver cette grandeur fi chére.
" J'ai maffacré mon malheureux beau-pére.
" Dans les plaifirs, et dans le fang plongé,
" Faible et barbare en ma fureur jaloufe,
" Yvre d'amour, et de foupçons rongé,
" Je fis périr mon fils, et mon époufe.
" O Grifbourdon ne fois plus étonné,
" Si comme toi Conftantin eft damné.
  Le Révérend de plus en plus admire
Tous les fecrets du ténébreux Empire.
Il voit par tout de grands Prédicateurs,
Riches Prélats, Cafuiftes, Docteurs,
Moines d'Efpagne, et nonains d'Italie ;
De tous les Rois il voit les Confeffeurs.
De nos beautés il voit les Directeurs.
Le Paradis ils ont eu dans leur vie.
Ils aperçut dans le fonds d'un dortoir
Certain frocard moitié blanc, moitié noir,
Portant criniére en étoile arondie.
Au fier afpect de cet animal pie
Le cordelier riant d'un ris malin
Se dit tout bas, cet homme eft Jacobin.
Quel eft ton nom lui cria-t-il foudain ?
L'ombre répond d'un ton mélançolique ;
Hélas, mon fils, je fuis Saint Dominique.
A ce difcours, à cet augufte nom
Vous euffiez vu reculer Grifbourdon ;
Il fe fignait, il ne pouvait le croire.
Comment, dit-il, dans la caverne noire
Un fi grand Saint, un Apôtre, un Docteur !
Vous de la foi le facré promoteur,
Homme de Dieu, prêcheur évangelique,

Vous

Vous dans l'Enfer ainſi qu'un hérétique !
Certes ici la grace eſt en défaut.
Pauvres humains qu'on eſt trompé là haut ! J
Et puis allez dans vos cérémonies
De tous les Saints chanter les litanies.
Lors repartit avec un ton dolent
Nôtre Eſpagnol au manteau noir et blanc :
Ne ſongeons plus aux vains diſcours des hommes ;
De leurs erreurs qu'importe le fracas ?
Infortunés, tourmentés ou nous ſommes,
Loués, fêtés ou nous ne ſommes pas !
Tel ſur la terre à plus d'une chapelle
Qui dans l'Enfer eſt cuit bien triſtement ;
Et tel au monde on damne impunément
Qui dans les Cieux à la vie éternelle.
Pour moi je ſuis dans la noire ſéquelle,
Très-juſtement pour avoir autrefois
Perſécuté les Pauvres Albigeois.
Je n'étais pas envoyé pour détruire
Et je ſuis cuit pour les avoir fait cuire.
Non, que je ſois condamné ſans retour ;
J'éſpère encor me trouver quelque jour
Avec les Saints au ſéjour de la gloire ;
Mais en ces lieux je fais mon purgatoire.
Oh ! quand j'aurais une langue de fer
Toujours parlant, je ne pourais ſuffire,
Mon cher lecteur, à te nombrer et dire,
Combien de Saints on recontre en Enfer.

    Quand des damnés la cohorte rotie
Eut aſſez fait au fils de Saint François
Tous les honneurs de leur triſte patrie,
Chacun cria d'une commune voix,
Cher Grifbourdon, conte-nous, conte, conte

Qui

Qui t'a conduit vers une fin si prompte,
Conte-nous donc par quel étonnant cas
Ton ame dure est tombée ici bas.
Messieurs, dit-il, je ne m'en défends pas,
Je vous dirai mon étrange avanture,
Elle poura vous étonner d'abord,
Mais il ne faut me taxer d'imposture
On ne ment plus sitôt que l'on est mort.

J'étais là haut, comme on sait, vôtre Apôtre,
Et pour l'honneur du froc et pour le vôtre;
Je concluais l'exploit le plus galant
Que jamais moine ait fait hors du couvent.
Mon muletier, ah l'animal insigne!
Ah! le grand homme! ah quel rival condigne!
Mon muletier ferme dans son devoir
De Conculix avait passé l'espoir.
J'avais aussi pour ce monstre femelle
Sans vanité prodigué tout mon zele;
Le Conculix ravi d'un tel effort
Nous laissait Jeanne en vertu de l'accord.
Jeanne la forte, et Jeanne la rebelle
Perdait bientôt ce grand nom de pucelle,
Entre mes bras elle se débattait.
Le muletier par dessous la tenait,
Et Conculix de bon cœur ricanait,
Mais croyez-vous ce que je vais vous dire?
L'air s'entrou'vrit, et du haut de l'empire
Qu'on nomme Ciel, lieux ou ni vous ni moi
N'irons jamais, et vous savez pourquoi.
Je vis descendre, ô fatale merveille!
Cet animal qui porte longue oreille,
Et qui jadis à Balaam parla,
Quand Balaam sur la montagne alla.

Quel

Quel terrible âne ! il portait une felle .
D'un beau velours, et fur l'arçon d'icelle
Etait un fabre à deux larges tranchants :
De chaque épaule il lui fortait une aile
Dont il volait, et dévançait les vents.
A haute voix alors s'écria Jeanne,
DIEU foit loué, voici venir mon âne.
A ce difcours je fus tranfi défroi :
L'âne à l'inftant fes quatre genoux plie,
Leve la queue et fa tête polie,
Comme difant a Dunois monte-moi.
Dunois le monte, et l'animal s'envole
Sur notre tête et paffe, et caracolle.
Dunois planant le cimiterre en main
Sur moi chétif fondit d'un vol foudain,
Mon cher Satan, mon Seigneur Souverain,
Ainfi, dit-on, lorfque tu fis la guerre
Imprudemment au Maître du tonnerre
Tu vis fur toi s'élancer Saint Michel,
Vangeur fatal des injures du Ciel.
  Réduit alors à défendre ma vie,
J'eus mon recours à la forcellerie,
Je dépouillai d'un nerveux Cordelier
Le fourcil noir et le vifage altier.
Je pris la mine et la forme charmante
D'une beauté douce, fraiche, innocente ;
De blonds cheveux fe jouaient fur mon fein,
De gaze fine une étoffe brillante
Fit entrevoir une gorge naiffante.
J'avais tout l'art du fexe feminin,
Je compofais mes yeux et mon vifage,
On y voyait cette naïveté
Qui toujours trompe et qui toujours engage.

Sous

Sous ce vernis un air de volupté
Eut des humains rendu fou le plus sage.
J'eusse amolli le cœur le plus sauvage;
Car j'avais tout, artifice et beauté!
Mon paladin en parut enchanté.
J'allais périr, ce héros invincible
Avait levé son braquemart terrible;
Son bras était à demi descendu,
Et Grisbourdon se croyait pourfendu.
  Dunois regarde, il s'emeut, il s'arrete.
Qui de Méduse eût vu jadis la tête,
Etait en roc mué soudainement :
Le beau Dunois changea bien autrement.
Il avait l'âme avec les yeux frappée;
Je vis tomber sa redoutable épée.
Beaucoup d'amour et beaucoup de respect.
Qui n'aurait cru que j'eusse eu la victoire?
Mais voici bien le pis de mon histoire.
  Le muletier qui pressait dans ses bras
De Jeanne d'Arc les robustes apas,
En me voyant si gentille et si belle,
Brula soudain d'une flamme nouvelle.
Helas mon cœur ne le soupçonnait pas,
De convòiter des charmes délicats.
Un cœur grossier connaître l'inconstance?
Il lâcha prise, et j'eus la préférence.
Il quitte Jeanne, ah funeste beauté!
A peine Jeanne est elle en liberté,
Qu'elle apercut le brillant cimeterre
Qu'avait Dunois laisse tomber par terre.
Du fer tranchant sa dextre se saisit
Et dans l'instant que le rustre infidèle
Quittait pour moi la superbe pucelle,

Par le Chignon Jeanne d'Arc m'abattit,
Et d'un revers la nuque me fendit.
Depuis ce tems je n'ai nulle nouvelle,
Du muletier, de Jeanne la cruelle
De Conculix, de l'ane, de Dunois:
Puiffent ils tous être empalés cent fois ;
Et que le Ciel qui confond les coupables,
Pour mon plaifir les donne à tous les Diables.
Ainfi parlait le moine avec aigreur,
Et tout l'Enfer en rit d'affez bon cœur.

CHANT

CHANT SIXIEME.

*Avanture d'Agnès et de Monrose. Temple
de la Renommée. Avanture de Doro-
thèe.*

Quittons l'Enfer, quittons ce gouffre immonde,
Où Grisbourdon brule avec Lucifer :
Dressons mon vol aux campagnes de l'air ;
Et revoyons ce qui se passe au Monde.
Ce Monde hélas est bien un autre Enfer :
Je vois partout l'innocence proscrite,
L'homme de bien flétri par l'hypócrite,
L'esprit, le gout, les beaux arts éperdus,
Sont envolés ainsi que les vertus.
Une rempante et lache politique
Tient lieu de tout, est le mérite unique,
Le zèle affreux des dangereux Dévots
Contre le sage arme la main des sots ;
Et l'intérêt ce vil Roi de la terre,
Pour qui l'on fait et la paix et la guerre,
Triste et pensif auprès d'un coffre fort,
Vend le plus faible aux crimes du plus fort
Chetifs mortels insensez et coupables,
De tant d'horreurs à quoi bon vous noircir !
Ah malheureux qui péchés sans plaisir,
Dans vos erreurs soyez plus raisonnables ;
Soyez au moins des pécheurs fortunez ;

Et

Et puifqu'il faut que vous foyez damnez ;
Damnez vous donc pour des fautes aimables.
   Agnès Sorel fut en ufer ainfi.
On ne lui peut reprocher en fa vie
Que les douceurs d'une tendre folie.
Je lui pardonne et je penfe qu'auffi
DIEU tout Clément aura pris pitié d'elle.
En Paradis tout Saint n'eft pas pucelle.
Chacun fe fit comme il put fon bonheur,
Quand Jeanne d'Arc deffendait fon honneur,
Et que du fil de la célefte épée
De Grifbourdon la téte fut tranchée ;
Nôtre Ane ailé qui deffus fon harnois
Portait en l'air le Chevalier Dunois,
Conçut alors le caprice profâne
De l'éloigner et de l'oter à Jeanne.
Quelle raifon en avait-il ? l'amour.
Le tendre amour et la naiffante envie
Dont en fecret fon ame était faifie.
L'ami Lecteur aprendra quelque jour
Quel trait de flamme et quelle idée hardie
Preffait déja ce Heros d'Arcadie.
Il prend fon vol et Dunois ftupéfait
A tire-d'aile eft parti comme un trait.
Il regardait de loin fon Héroïne
Qui toute nuë et le fer à la main,
Le cœur ému d'une fureur divine
Rouge de fang fe frayait un chemin.
Le Conculix veut l'arrêter en vain ;
Ses fardadets, fon peuple Aërien,
En cent façons volent fur fon paffage.
Jeanne s'en mocque et paffe avec courage.
Lors qu'en un bois quelque jeune imprudent

                                              Voit

Voit une ruche; et s'aprochant admire
L'Art étonnant de ce Palais de cire;
De toutes parts un essain bourdonnant
Sur mon badaut s'en vient fondre avec rage,
Un peuple ailé lui-couvre le visage :
L'homme piqué court à tort à travers,
De ses deux mains il frape, il se démêne,
Dissipe, tuë, écrase par centaine
Cette canaille habitante des airs.
C'etait ainsi que la pucelle fiére
Chassait au loin cette foule legére.
　　A ses genoux le chetif muletier
Craignant pour soi le sort du Cordelier,
Tremble et s'écrie, *ô pucelle ! ô ma mie !*
Dans l'écurie autrefois tant servie,
Quelle furie ! épargne au moins ma vie
Que les honneurs ne changent point les mœurs :
Tu vois mes pleurs, ah Jeanne je me meurs,
Jeanne répond, faquin je te fais grace,
Dans ton vil sang de fange tout chargé
Ce fer Divin ne sera point plongé.
Vegête encor, et que ta lourde masse
Ait à l'instant l'honneur de me porter ;
Je ne te puis en mulet transflater;
Mais ne m'inporte ici de la figure,
Homme ou mulet tu seras ma monture.
Dunois m'a pris l'âne qui fut pour moi,
Et je prétends le retrouver en toi ;
Ca qu'on se courbe, elle dit, et la bête
Baisse à l'instant sa chauve et lourde tête,
Marche des mains, et Jeanne sur son dos
Va dans les champs affronter les Héros.
Pour Conculix honteux plein de colère,

ij

Il s'en alla murmurer chez son Pére.
Mais que devint la belle Agnès Sorel ?
  Vous souvient-il de son trouble cruel ?
Comme elle fut interdite, éperduë,
Quand Jean Chandos l'embraffait toute nuë,
Ce Jean Chandos s'élança de ses bras,
Très brufquement et courut aux combats.
La belle Agnès crut fortir d'embarras :
De fon danger encor toute furprife
Elle jurait de n'être jamais prife
A l'avenir en un femblable cas.
Au bon Roi Charle elle jurait tout bas
D'aimer toujours ce Roi qui n'aime qu'elle ;
De refpecter ce tendre et doux lien,
Et de mourir plutot qu'être infidèle.
Mais il ne faut jamais jurer de rien.
  Dans ce fracas, dans ce trouble effroiable
D'un camp furpris tumulte inféparable,
Quand chacun court, Officier et foldat,
Que l'un s'enfuit, et que l'autre combat,
Que les valets fripons fuivant l'armée,
Pillent le camp de peur des ennemis :
Parmi les cris la poudre et la fumée,
La belle Agnès fe voyant fans habits
Du grand Chandos entre en la garderobe ;
Puis avifant chemife, mule, robe,
Saifit le tout en tremblant et fans bruit,
Même elle prend jufqu'au bonnet de nuit.
Tout vint à point ; car de bonne fortune
Elle aperçut une Jument bai-brune,
Bride à la bouche et felle fur le dos,
Que l'on devait amener à Chandos.
Un Ecuyer, vieil ivrogne, intrépide,

K

Tout en dormant la tenait par la bride.
L'adroite Agnès s'en va subtilement
Oter la bride à l'Ecuyer dormant;
Puis se servant de certaine escabelle,
Y pose un pied, monte, se met en selle,
Pique, et s'en va, croyant gagner les bois,
Pleine de crainte et de joye à la fois.
L'ami Bonneau court à pied dans la plaine
En maudissant sa pesante bedaine,
Ce beau voyage et la guerre et la Cour
Et les Anglais et Sorel et l'amour.
   Or, de Chandos le très-fidèle page
(Monrose était le nom du personnage,)
Qui revenait ce matin d'un message,
Voyant de loin tout ce qui passait,
Cette Jument qui vers le bois courait,
Et de Chandos la robe et le bonnet;
Dévinant mal ce que ce pouvait être,
Crut fermement qne c'était son cher Maître,
Qui loin du camp demi nû s'enfuiait.
Epouvanté de l'étrange avanture
D'un coup de fouët il hâte sa monture,
Galoppe et crie, ah mon Maître, ah Seigneur
Vous poursuit on ? Charlot est-il vainqueur ?
Où courez vous ? Je vais par tout vous suivre;
Si vous mourez je cesserai de vivre;
Il dit et vole, et le vent emportait
Lui, son cheval, et tout ce qu'il disait.
   La belle Agnès qui se croit poursuivie
Court dans le bois au péril de sa vie;
Le page y vole, et plus elle s'enfuit,
Plus nôtre Anglais avec ardeur la suit,
La jument bronche et la belle éperduë

Jettant

Jettant un cri dont retentit la nüë,
Tombe à côté, fur la terre étenduë.
Le page arrive auffi prompt que les vents,
Mais il perdit l'ufage de fes fens,
Quand cette robe ouverte et voltigeante
Lui découvrit une beauté touchante,
Un fein d'albâtre et les charmans tréfors
Dont la Nature enrichiffait fon corps.
Bel Adonis, telle fut ta furprife!
Quand la maîtreffe et de Mars et d'Anchife
Du haut des Cieux, le foir au coin d'un bois,
S'offrit à toi pour la premiére fois.
Vénus fans doute avait plus de parure;
Une jument n'avait point renverfé
Son corps Divin de fatigue haraffé,
Bonnet de nuit n'etait point fa coëffure.
Son cu d'ivoire était fans meurtriffure.
Mais Adonis à ces attraits tout nus.
Balançerait entre Agnès et Venus.
    Le jeune Anglais fe fentit l'ame atteinte
D'un feu mêlé de refpect et de crainte;
Il prend Agnès et l'embraffe en tremblant,
Hélas, dit-il, feriez-vous point bleffée?
Agnès fur lui tourne un œil languiffant,
Et d'une voix timide, embarraffée
En foupirant elle lui parle ainfi;
" Qui que tu fois qui me pourfuis ici,
" Si tu n'as point un cœur né pour le crime,
" N'abufe point du malheur qui m'oprime,
" Jeune étranger conferve mon honneur,
" Sois mon apui, fois mon Libérateur.
    Elle ne put en dire davantage;
Elle pleura, détourna fon vifage,

Trifte

Trifte, confufe, et tout bas promettant
D'être fidêle au bon Roi fon amant;
Monrofe ému, fut un tems en filence;
Puis il lui dit d'un ton tendre et touchant,
O de ce monde adorable ornement
Que fur les cœurs vous avez de puiffance !
Je fuis à vous; comptez fur mon fecours
Vous difpofez de mon cœur, de mes jours,
De tout mon fang; ayez tant d'indulgence
Que d'accepter que j'ofe vous fervir ;
Je n'en veux point une autre recomponfe :
C'eft être heureux que de vous fécourir.
Il tire alors un flacon d'eau des Carmes ;
Sa main timide en arrofe fes charmes,
Et les endroits de rofes et de lys,
Qu'avaient la felle et la chûte meurtris.
La belle Agnès rougiffait fans colère,
Ne trouvait point fa main trop téméraire,
Et fe laffoit d'etre fidele au Roi.
Le Page ayant employé fa bouteille;
Rare beauté, dit-il, je vous confeille,
De cheminer jufques au bourg voifin ;
Nous marcherons par ce petit chemin.
Dedans ce bourg nul foldat ne demeure;
Nous y ferons avant qu'il foit une heure.
J'ai de l'argent, et l'on vous trouvera
Et coeffe, et jupe, et tout ce qu'il faudra
Pour habiller avec plus de décence
Une beauté digne d'un Roi de France.
La Dame errante aprouva fon avis ;
Monrofe était fi tendre et fi foumis,
Etait fi beau, favait à tel point vivre,
Qu'on ne pouvait s'empêcher de le fuivre.

Quelque

Quelque Cenfeur, interrompant le fil
De mon difcours, dira, mais fe peut il?
Qu'un étourdi, qu'un jeune homme, qu'un page
Fut près d'Agnès refpectueux et fage ;
Qu'il ne prit point la moindre liberté ?
Ah ! laiffez là vos cenfures rigides ;
Ce page aimait, et fi la volupté
Nous rend hardis, l'amour nous rend timides.
Agnès et lui marchaient donc vers ce bourg ;
S'entretenant de beaux propos d'amour,
D'exploits de guerre et de Chevalerie,
De contes vieux et de galanterie.
Nôtre Ecuyer de cent pas en cent pas
S'aprochait d'elle et baifait fes beaux bras ;
Le tout d'un air refpectueux et tendre.
La belle Agnès ne favait s'en défendre:
Mais rien de plus ; ce jeune homme de bien
Voulait beaucoup et ne demandait rien.
Dedans le bourg ils font entrés à peine ;
Dans un logis fon Ecuyer la méne
Bien fatiguée ; Agnès entre deux draps
Modeftement repofe fes apas ;
Monrofe court ; et va tout hors d'haleine
Chercher partout pour dignement fervir,
Alimenter, chauffer, coëffer, vêtir
Cette beauté déja fa Souveraine.
O jeune enfant dont l'amour et l'honneur
Ont pris plaifir à diriger le cœur ;
Ou font les gens dont la fageffe égale
Les procédés de ton ame loiale ?

    Dans ce logis (Ciel! que vai-je avoüer ?)
De Jean Chandos logeait un Aumonier.
Tout Aumonier eft plus hardi qu'un Page.

Le fcelerat informé du voyage
Du beau Monrofe et de la belle Agnès,
Et trop inftruit que dans fon voifinage
A quarte pas repofaient tant d'attraits ;
Preffé foudain de fon défir infâme,
Les yeux ardens, le fang rempli de flâme,
Le corps en rût, de luxure énivré,
Entre en jurant comme un défefpéré,
Ferme la porte, et les deux rideaux tire !
Mais cher lecteur il convient de te dire
Ce que faifait en ce même moment
Le grand Dunois fur fon âne vôlant.

Au haut des airs ou les Alpes chenus
Portent leur tête et divifent les nuës,
Vers ce rocher fendu par Annibal,
Fameux paffage aux Romains fi fatal ;
Qui voit le Ciel s'arondir fur fa tête
Eft un Palais de marbre tranfparant,
Sans toit ni porte, ouvert à tous venant.
Tous les dedans font des glaces fidèles ;
Si que chacun qui paffe devant elles
Belle ou laide, ou jeune homme ou vieux barbon,
Peut fe mirer tant qu'il lui femble bon.
Mille chemins ménent devers l'empire
De ces beaux lieux ou fi bien l'on fe mire :
Mais ces chemins font tous bien dangereux.
Il faut franchir des abimes affreux ;
Tel bien fouvent fur ce nouvel olympe
Eft arrivé fans trop favoir par où ;
Chacun y court, et tandis que l'un grimpe.
Il en eft cent qui fe caffent le cou.

De ce Palais la fuperbe maitreffe
Eft cette vieille et bavarde Déeffe,

La

La Renommée!' à qui dans tous les tems
Le plus modeste a donné quelque encens.
Le Sage dit que son cœur la méprise,
Qu'il hait l'éclat qui lui donne un grand nom,
Que la louange est pour l'ame un poison:
Le Sage ment, et dit une sottise.
La Renommée est donc en ces hauts lieux.
Les courtisans dont elle est entourée,
Princes, pédants, guerriers, religieux,
Cohorte vaine, et de vent énivrée,
Vont tous prians, et crians à genoux :
O Renommée! ô puissante Déesse!
Qui savez tout et qui parlez sans cesse,
Par charité parlez un peu de nous.
Pour contenter leurs ardeurs indiscrètes,
La Renommée à toujours deux trompettes :
L'une à sa bouche apliquée à propos
Va célébrant les exploits des Héros;
L'autre est au cu ; puisqu'il faut vous le dire
C'est celle-là qui sert à nous instruire,
De ce fatras de volumes nouveaux
Vers de *Danchet*, prose de *Marivaux*.
Productions de plumes mercenaires,
Et du Parnasse insectes éphémères,
Qui l'un par l'autre éclipsés tour à tour
Faits en un mois, perissent en un jour;
Ensevelis dans le fond des Collèges;
Rongés des vers, eux, et leurs privilèges.
   Gentil Dunois sur ton âne monté
En ce beau lieu tu te vis transporté.
Ton nom fameux qu'avec justice on fête,
Etait corné par la trompette honnête.
Tu regardas ces miroirs si polis.

O

O quelle joye enchantait tes esprits !
Car tu voyais dans ces glaces brillantes
De tes vertus les peintures vivantes ;
Non feulement des Siéges des combats,
Et ces exploits qui font tant de fracas :
Mais des vertus encor plus difficiles,
Des malheureux de tes bienfaits chargés
Te béniffants au fein de leurs aziles;
Des gens de bien à la Cour protégés,
Des orphelins de leurs tuteurs vangés,
Dunois ainfi contemplant fon hiftoire
Se complaifait à jouir de fa gloire.
Son Ane auffi s'amufait à fe voir
Se pavanant de miroir en miroir.
On entendit deffus ces entrefaittes,
Sonner en l'air une des deux trompettes
Elle difait: *voici l'horible jour*
Ou dans Milan la fentence eft dictée,
On va bruler la belle Dorothée.
Pleurez mortels qui connaiffez l'amour.
Qui; dit Dunois ? qu'elle eft donc cette belle ?
Qu'a-t-elle fait ? pourquoi la brule-t-on ?
Paffe après tout fi c'eft une Laidron,
Mais dans le feu mettre un jeune tendron ?
Par tous les Saints c'eft chofe trop cruelle.
Comme il parlait, la trompette reprit
O Dorothée, ô pauvre Dorothée !
En feu cuifant tu vas être jettée.
Si la valeur d'un chevalier loial
Ne te reçout de ce brafier fatal.
A cet avis Dunois fentit dans l'ame
Un promt défir de fécourir la Dame.
Car vous favez que fitot qu'il s'offrait

Occa-

Occafion de marquer fon courage,
Venger un tort, redreffer quelque outrage;
Sans raifonner ce Héros y courait.
Allons, dit-il, à fon âne fidèle,
Vole á Milan, vole ou l'honneur t'apelle.
L'Ane auffi-tôt les deux aîles étend ;
Un Chérubin va moins rapidement.
On voit déja la ville ou la juftice,
Arrangeait tout pour cet affreux fuplice.
Dans la grand place on éléve un bucher ;
Trois cent archers, gens cruels et timides,
Du mal d'autrui, monftres toujours avides !
Rangent le peuple, empêchent d'aprocher:
On voir partout le beau monde aux fenêtres,
Attendant l'heure, et déjà larmoïant :
Sur un Balcon l'Archevêque et fes prêtres
Obfervent tout d'un œil ferme et content.
    Quatre Alguazils amenent Dorothée
Nuë en chemife, et de fers garotée ;
Le jufte excès de fon affliction
Le defefpoir et la confufion
Devant fes yeux répandent un nuage.
Des pleurs amers inondent fon vifage ;
Elle entrevoit d'un œil mal affuré
L'affreux poteau pour fa mort préparé,
Et fes fanglots fe faifant un paffage,
O mon amant ! ô toi qui dans mon cœur
Regnes encor dans ce momens d'horreur.
Elle ne put en dire d'avantage.
Et bèguaïant le nom de fon amant,
Elle tomba fans voix, fans fentiment.
Le front jauni d'une paleur mortelle,
Dans cet état elle était encor belle.

Un fcélerat nommé *Sacrogorgon*,
De l'Archevêque infame champion,
La dague au poing vers le bucher s'avance,
Le chef armé de fer et d'impudence,
Et dit tout haut, Meffieurs je jure Dieu
Que Dorothée à mérité le feu.
Eft-il quelqu'un qui combatte pour elle?
S'il en eft un que cet audacieux,
Ofe à l'inftant fe montrer à mes yeux;
Voici dequoi lui fendre la cervelle.
Difant ces mots il marche fierement,
Branlant en l'air un braquemart tranchant
Roulant fes yeux, tordant fa laide bouche.
On fremiffait à fon afpect farouche;
Et dans la ville il n'était Ecuyer
Qui Dorothée ofat juftifier.
Sacrogorgon venait de les confondre :
Chacun pleurait et nul n'ofait répondre.
Le fier Prélat du haut de fon balcon
Encourageait le brutal champion.
Le beau Dunois qui planait fur la place,
Fut fi touché de l'infolente audace
De ce pervers ; et Dorothée en pleurs
Etait fi belle au fein de tant d'horreurs;
Son défefpoir la rendait fi touchante,
Qu'en la voiant il la crut innocente.
Il faute à terre, & d'un ton élevé,
C'eft moi, dit-il, face de reprouvé,
Qui viens ici montrer par mon courage,
Que Dorothée eft vertueufe et fage
Et que tu n'es qu'un fanfaron brutal
Suppôt du crime, et menteur déloial.
Je veux d'abord favoir de Dorothée
Quelle noirceur lui peut être imputée,

Quel

Quel eſt ſon cas ? et par quel guet-à-pan
On fait bruler les belles à Milan ;
Il dit ; le peuple à la ſurpriſe en proie,
Pouſſa des cris d'eſpérance et de joie.
Sacrogorgon qui ſe mourait de peur,
Fit comme il put, ſemblant d'avoir du cœur.
Le fier Prélat ſous ſa mine hypocrite
Ne put cacher le trouble qui l'agite.
   A Dorothée alors le beau Dunois
S'en vint parler d'un air humble et courtois ;
Et cependant que la belle lui conte
En ſoupirant ſon malheur et ſa honte,
L'âne Divin ſur l'Egliſe perché
De tout ce cas paraiſſait fort touché.
Et de Milan les dévotes familles
Beniſſaient Dieu qui prend pitié des filles.

CHANT

CHANT SEPTIEME.

Coment Dunois sauva Dorothée condamnée
à la mort par l'Inquisition.

Lorsqu'autrefois, au printems de mes jours,
Je fus quitté par ma belle maîtresse,
Mon tendre cœur fut navré de tristesse :
Je détestai l'empire des amours ;
Mais de ternir par le moindre discours,
Cette beauté que j'avais offensée,
De son bonheur oser troubler le cours,
Un tel forsait n'entra dans ma pensée.
Gêner un cœur ce n'est pas me façon.
Que si je traite ainsi les infidèles,
Vous comprenez à plus forte raison,
Que je respecte encor plus les cruelles.
Il est affreux d'aller persécuter
Un jeune cœur que l'on n'a pu dompter.
Si la maîtresse objet de votre hommage
Ne peut pour vous des mêmes feux brûler,
Cherchez ailleurs un plus doux esclavage.
On trouve assez dequoi se consoler.
Ou bien buvés. C'est un parti fort sage.
Et plut à DIEU qu'en un cas tout pareil
Ce fier Prélat qu'amour rendit barbare,
Cet opresseur d'une beauté si rare,
Se fût servi d'un aussi bon conseil.

Déjà

Déja Dunois à la belle affligée
Avait rendu le courage et l'eſpoir.
Mais avant tout il convenait ſavoir,
Les attentats dont elle était chargée.
O vous, dit-elle, en baiſſant ſes beaux yeux,
" Ange divin qui deſcendez des Cieux,
" Vous qui venez prendre ici ma défenſe ;
" Vous ſavez bien quelle eſt mon innocence.
" Dunois reprit," je ne ſuis qu'un mortel.
" Je ſuis venu par une étrange allure,
" Pour vous ſauver d'un trépas ſi cruel,
" Nul dans les cœurs ne lit que l'Eternel.
" Je croi vôtre ame et vertueuſe et pure ;
" Mais dites moi pour DIEU vôtre avanture?
Lors Dorothée en eſſuiant ſes pleurs,
Dont le torrent ſon beau viſage moüille
Dit ; l'amour ſeul a fait tous mes malheurs.
" Connaiſſez vous Monſieur de la Trimoüille?
" Oui, dit Dunois, c'eſt mon meilleur ami.
" Peu de héros ont une ame auſſi belle ;
" Le Roi n'a pas de guerrier plus fidele ;
" L'Anglais n'a pas de plus fier ennemi.
" Nul Cavalier n'eſt plus digne qu'on l'aime.
" Il eſt trop vrai, dit-elle, c'eſt lui même.
" Il ne s'eſt pas écoulé plus d'un an
" Depuis le jour qu'il a quitté Milan.
" C'eſt en ces lieux qu'il m'avait adorée
" Il le jurait, et j'oſe être aſſurée,
" Que ſon grand cœur eſt toujours enflamé,
" Qu'il m'aime encor ; car il eſt trop aimé.
" Ne doutez point, dit Dunois, de ſon ame,
" Vôtre beauté lui répond de ſa flame
" Je le connais, il eſt ainſi que moi
" A ſes amours fidele comme au Roi.....
" L'autre

" L'autre reprit, ah Monſieur, je vous croi.
" O jour heureux ! où je le vis paraître.
" Où des mortels il était à mes yeux
" Le plus aimable et le plus vertueux,
" Où de mon cœur il ſe rendit le maître.
" Je l'adorais avant que ma raiſon
" Eut pû ſavoir ſi je l'amais ou non.
   " Ce fut Monſieur (ô moment delectable !)
" Chez l'Archevêque ou nous étions à table,
" Que ce héros plein de ſa paſſion
" Me fit d'abord ſa déclaration.
" Ah ! j'en perdis la parole et la vûe.
" Mon ſang brula d'une ardeur inconnuë :
" Du tendre amour j'ignorais le danger,
" Et de plaiſir je ne pouvais manger.
" Le lendemain il me rendit viſite.
" Elle fut courte, il prit congé bien vite :
" Quand il partit, mon cœur le rapelait,
" Mon tendre cœur après lui s'envolait.
" Le lendemain il eut un tête à tête
" Un peu plus long, mais non pas moins honnête,
" Le lendemain il en reçut le prix,
" Par deux baiſers ſur mes lèvres ravis.
" Le Lendemain il oſa davantage,
" Il me promit la foi de mariage.
" Le lendemain il fut entreprenant.
" Le lendemain il me fit un Enfant.
" Que dis-je hélas ? faut il que je raconte
" De point en point mes malheurs et ma honte ?
" Sans que je ſache, ô digne chevalier !
" A quel Héros j'oſe me confier.
   Lors le guerrier par pure obéiſſance
Dit ſans vanter ſes faits ni ſa naiſſance ;
" Je ſuis *Dunois !* C'était en dire aſſez.
                              " DIEU

« Dieu reprit elle, ô Dieu qui m'exaucez,
« Quoi ta bonté fait voler à mon aide
« Ce grand *Dunois*, ce bras à qui tout cède !
« Gentil guerrier, noble fils de l'amour,
« Eh, quoi, c'est vous, vous l'espoir de la France
« Qui me sauvez et l'honneur et le jour ?
« Vôtre nom seul accroît ma confiance.
« Vous saurez donc brave et gentil *Dunois*,
« Que mon amant au bout de quelques mois
« Fut obligé de partir pour la guerre,
« (Guerre funeste et maudite Angleterre !)
« Il écouta la voix de son devoir.
« Mon tendre amour était au désespoir.
« Un tel état vous est connu sans doute ;
« Et vous savez Monsieur ce qu'il en coûte.
« Ce fier devoir fait seul tous nos malheurs ;
« Je l'éprouvais en répandant des pleurs ;
« Mon cœur était forcé de se contraindre,
« Et je mourais, mais sans pouvoir m'en plaindre.
« Il me donna le présent amoureux,
« D'un bracelet fait de ses blonds cheveux ;
« Et son portrait qui trompant son absence
« M'a fait cent fois retrouver sa présence.
« Un tendre écrit surtout il me laissa,
« Que de sa main le ferme amour traça :
« C'était Monsieur une juste promesse
« Un cher garant de sa sainte tendresse :
« On y lisait ; *Je jure par l'amour,*
« *Par les plaisirs de mon ame enchantée*
« *De revenir bientôt en cette Cour*
« *Pour épouser ma chère Dorothée.*
« Las ! il partit, il porta sa valeur
« Dans Orléans. Peut-être il est encore
« Dans ces remparts, ou l'appela l'honneur.

« S'il

« S'il y avait quels maux et quelle horreur
« Sont loin de lui le prix de son ardeur !
« Non, juste Ciel il vaut mieux qu'il l'ignore.
« Il partit donc ; et moi je m'en allai,
« Loin des soupçons d'une ville indiscrète,
« Chercher aux champs une sombre retraite,
« Conforme aux soins de mon cœur désolé.
« Mes parens morts, libre dans ma tristesse,
« Cachée au monde et fuiant tous les yeux,
   « Dans le secret le plus mysterieux
« J'ensevélis mes pleurs et ma grossesse.
« Mais par malheur hélas ! je suis la niéce
« De l'Archevéque ! à ces funestes mots
« Elle sentit redoubler ses sanglois.
   « Puis vers le Ciel tournant ses yeux en larmes,
« J'avais, dit-elle, en secret mis au jour
« Ce tendre fruit de mon furtif amour ;
« Avec mon fils consolant mes allarmes,
« De mon amant j'attendais le retour.
   « A l'Archevéque il prit en fantaisie
« De venir voir quelle espèce de vie
« Menait sa niéce au fond de ces foréts.
« Pour ma campagne il quittâ son palais.
« Il fut touché de mes faibles attraits.
« Cette beauté, présent cher et funeste !
« Ce don fatal qu'aujourdhui je deteste,
« Perça son cœur des plus dangereux traits.
« Il s'expliqua : Ciel que je fus surprise !
« Je lui parlai des devoirs de son rang,
« De son état, des nœuds sacrés du sang.
« Je remontrai l'horreur de l'enterprise,
« Elle outrageait la nature et l'Eglise.
« Hélas ! j'eus beau lui parler de devoir,
« Il s'entêta d'un chimerique espoir.

Il

« Il se flatait que mon cœur indocile,
« D'aucun objet ne s'était prévenu ;
« Qu'enfin l'amour ne m'était point connu,
« Que son triomphe en serait plus facile ;
« Il m'accablait de ses soins fatigans,
« De ses désirs rebutez & pressans.
 « Hélas ! un jour que toute à ma tristesse
« Je relisais cette douce promesse,
« Que de mes pleurs je mouillais cet écrit :
« En tapinois arrive, il me surprit.
« Il se saisit d'une main ennemie,
« De ce papier qui contenait ma vie.
« Il lut, il vit dans cet écrit fatal,
« Tous mes secrets, ma flamme & son rival.
« Son ame alors jalouse & forcenée
« A ses désirs fut plus abandonnée.
« Toujours alerte & toujours m'epiant,
« Il sut bientôt que j'avais un Enfant.
« Sans doute un autre en eut perdu courage
« Mais l'Archevêque en devint plus ardent ;
« Et se senfant sur moi cet avantage :
« Ah ! me dit il m'est-ce donc qu'avec moi
« Que vous avez la fureur d'être sage,
« Et vos faveurs seront le seul partage
« De l'étourdi qui ravit vôtre foi ?
« Ofez-vous bien me faire résistance ?
« Y pensez vous ? vous ne meritez pas
« Le fol amour que j'ai pour vos apas :
« Cedez fur l'heure ou craignez ma veangance.
« Je me jettai tremblante à ses genoux :
« J'attestai, Dieu : je répandis des larmes.
« Lui furieux d'amour & de couroux
« En cet état me trouva plus de charmes.
« Il me renverse, & va me violer

« A

" A mon fécours il me faut appeller.

" Tout fon amour foudain fe tourne en rage.

" D'un Oncle, ô Ciel! fouffrir un tel outrage ?

" De coups affreux il meurtrit mon vifage.

" On vient au bruit ; l'Archevêque à l'inftant

" Joint à fon crime un crime encor plus grand.

" Chrétiens, dit-il, ma niêce eft une impie;

" Je l'abandonne & je l'excommunie :

" Un hérétique, un damné fuborneur

" Publiquement a fait fon defhonneur :

" L'enfant qu'ils ont eft un fruit d'adultére.

" Que DIEU confonde & l'enfant & la mère ;

" Et puifqu'ils ont ma malediction

" Qu'ils foient livrés à l'Inquifition.

" Il ne fit point une menace vaine.

" Et dans Milan le traître arrive à peine,

" Qu'il fait agir le grand Inquifiteur.

" On me faifit prifonniére, on m'entraine

" Dans des cachots ou le pain de douleur

" Etait ma feule & trifte nourriture :

" Lieux fouterrains, lieux d'une nuît obfcure,

" Séjour des morts & tombeau des vivans.

" Aprés trois jours on me rend la lumiére,

" Mais pour la perdre au milieu des tourmens ;

" Vous les voyez ces brafiers dévorans.

" C'eft-là qu'il faut expirer à vingt ans.

" C'eft la, qu'il faut de ce monftre en furie

" Finir mes jours pour combler fon envie

" C'eft-là, c'eft-la, fans vôtre bras vangeur,

" Qu'on m'arrachait la vie avec l'honneur.

" Plus d'un guerrier aurait felon l'ufage

" Pris ma défenfe & pour moi combattu ;

" Mais l'Archevêque enchaine leur vertu.

" Contre l'Eglife ils n'ont point de courage :

" Qu'attendre hélas ! d'un cœur Italien ?

" Ils

"" Ils tremblent tous a l'afpect d'une Etole :
"" Mais un Français n'eft alarmé de rien :
"" Il braverait le Pape au Capitole."
  A ces propos Dunois piquê d'honneur
Plein de pitié pour la belle accufée,
Plein de couroux pour fon perfécuteur,
Brulait déja d'exercer fa valeur ;
Et fe flatait d'une victoire aifée.
Bien fupris fut de fe voir entouré
De cent archers dont la cohorte fiére,
Etait venu l'inveftir par derriére.
  Un cuiftre en robe avec bonnet carré.
Criait d'un ton de voi *miferèré*.
"" On fait favoir de par la Sainte Eglife
"" Par Monfeigneur pour la gloire de DIEU
"" A tous Cretiens que le Ciel favorife,
"" Que nous venons de condamner au feu
"" Cet étranger, ce champion profane
"" De Dorothée infame Chevalier .
"" Comme infidèle, hérétique & forcier ;
"" Qu'il foit brulé fur l' heure avec fon âne."
  Cruel Prélat, Bufiris en foutane,
C'était perfide un tour de ton mêtier,
Tu redoutais le bras de ce guerrier.
Tu t'entendais avec le Saint office,
Pour oprimer fous le nom de juftice
Quiconque eut pu lever !e voile affreux
Dont tu cachais ton crime à tous les yeux
Tout auffi-tôt l' affaffine cohorte
Du Saint Office abominable efcorte
Pour fe faifir du fuperbe Dunois,
Deux pas avance, elle en recule trois ;
Puis marche encor, puis fe figne & s'arrête.
  Sacrogorgon qui tremblait à leur tête,
Leur crie, allons il faut vaincre ou périr ;

De ce forcier tachons de nous faifir.
Au milieu d'eux les Diacres de la ville,
Les Sacriftains arrivent à la file :
L'un tient un pot & l'autre un goupillon:
Ils font leur ronde ; & de leur eau falée
Benoitement afpergent l'affemblée.
On Exorcife, en maudit le Démon ;
Et le Prélat toujours l'ame troublée
Donne partout la bénédiction.

Le grand Dunois, non fans émotion,
Voit qu'on le prend pour envoyé du Diable :
Lors faififfant de fon bras redoutable,
Sa grande épée, & de l'autre montrant
Un chapelet, Carholique inftrument !
De fon falut cher & facré garant.
Allons, dit-il, vénez à moi mon âne.
L'âne defcend, Dunois, monte & foudain
Il va frapant en moins d'un tour de main
De ces croquants la cohorte profane.
Il perce à l'un le *fternum* & le bras;
Il atteint l'autre à l'os qu'on nomme *atlas* :
Qui voit tomber fon nez & fa mâchoire :
Qui fon oreille & qui fon *bumerus* ;
Qui pour jamais s'en va dans la nuit noire,
Et qui s'enfuit difant fon *Orémus*.

L'âne au milieu du fang & du carnage
Du paladin féconde le courage.
Il vole, il crie, il mord, il foule aux piés
Ce tourbillion de faquins effraiés.
Sacrogorgon abaiffant la vifiére
Toujours jurant s'en allait en arriére.
Dunois le joint, l'atteint à l'os *pubis*,
Le fer fanglant lui fort par le *coccis*,
Le vilain tombe & le peuple s'écrie:

Béni

Béni foit Dieu, le barbate eft fans vie.
Le fcélerat encor fe débattait
Sur la pouffiére & fon cœur palpitait,
Quand le héros lui dit: ame traitreffe,
L'enfer t'attend, crains le diable & confeffe
Que l'Archevêque eft un coquin mitré,
Un raviffeur, un parjure avéré :
Que Dorothée eft l'innocence même,
Qu'elle eft fidèle au tendre amant qu'elle aime,
Et que tu n'es qu'un fot & qu'un fripon.
Ouï, Monfeigneur, oui vous avez raifon.
Je fuis un fot, la chofe eft par trop claire,
Et vôtre épée a prouvé cette affaire.
Il dit, fon ame alla chez le Démon
Ainfi mourut le fier Sacrogorgon.

Dans l'inftant même où ce bravache infame
A Belzebut rendait fa vilaine ame,
De vers la place arrive un Ecuyer,
Portant falade avec lance dorée ;
Deux poftillons à la jaune livrée
Allaient devant. C'était chofe affurée
Qu'il arrivait quelque grand Chevalier.
A cet objet la belle Dorothée,
D'étonnement & d'amour tranfportée,
Ah! Dieu puiffant! fe mit elle à crier,
Serait-ce lui ? ferait-il bien poffible ?
A mes malheurs le Ciel eft trop fenfible.
Les Milanais, (peuple très curieux,)
Vers l'Ecuyer avaient tourné les yeux.

Ah! cher lecteur, n'êtes-vous pas honteux
De reffembler à ce peuple volage,
Et d'occuper vos yeux & votre efprit
Du changement qui dans Milan fe fit ?
Eft-ce donc là le but de mon ouvrage ?

Songez

Songez Lecteur aux remparts d'Orléans,
Au Roi de France, aux cruels affiégeans,
A la pucelle, à l'illuftre amazone,
La vangereffe & du peuple et du trône,
Qui fans jupon, fans pourpoint, ni bonnet,
Parmi les champs comme un centaure allait,
Ayant en Dieu fa plus ferme efpérance,
Comptant fur lui plus que fur fa vaillance,
Et s'adreffant à Monfieur Saint Denis,
Qui cabalait alors en paradis
Contre Saint George en faveur de la France.
   Surtout, lecteur, n'oubliez point Agnés :
Ayez l'efprit tout plein de fes attraits.
Tout honnête home à mon gré doit s'y plaire.
Eft-il quelqu'un, fi morne & fi févère,
Que pour Agnès il foit fans intérèt ?
Et franchement, dites-moi, s'il vous plait,
Si Dorothée au feu fut condamnée,
Si le Siègneur du haut du firmament
Sauva le jour à cette infortunée.
Semblable cas advient très rarement ;
Mais que l'objet, ou vôtre cœur s'engage,
Pour qui vos pleurs ne peuvent s'éffuyer,
Soit dans les bras d'un robufte aumônier,
Ou femble épris pour quelque jeune page,
Cet accident peut-être eft plus commun.
Pour l'amener ne faut miracle aucun.
Je l'avouërai, j'aime toute avanture
Qui tient de près à l'humaine nature ;
Car je fuis home & je me fais honneur
D'avoir ma part aux humaines faibleffes.
J'ai dans mon tems poffédé des maîtreffes,
Et j'aime encore à retrouver mon cœur.

CHANT

CHANT HUITIEME.

Agnès Sorel. pourſuivie par l'Aumonier de
Jean Chandos. Ce qui advint à la
belle Agnès dans un Couvent.

EH quoi! toujours clouer une préface
    A tous mes chants? la morale me laſſe.
Un ſimple fait conté naïvement,
Ne contenant que la vérité pure,
Navré, ſuccint, ſans frivole ornement,
Point trop d'eſprit, aucun rafinement,
Voilà dequoi déſarmer la cenſure.
    Allons au fait, Lecteur, tout rondement;
C'eſt mon avis. Tableau d'après nature,
S'il eſt bien fait, n'a beſoin de bordure.
    Le bon Roi Charle, allant vers Orleans,
Enflait le cœur de ſes fiers combattans,
Les rempliſſait de joye et d'eſpérance
Et relevait le deſtin de la France.
Il ne parlait que d'aller aux combats:
Il étalait une fiére allégreſſe;
Mais en ſecret il ſoupirait tout bas:
Car il était abſent de ſa maîtreſſe.
L'avoir laiſſée, avoir pû ſeulement
De ſon Agnès s'écarter un moment,
C'était un trait d'une vertu ſuprême,
C'était quitter la moitié de ſoi-même !
Lorſqu'il fut ſeul en ſa chambre enfermé,

Et

Et qu'en fon cœur il eut un peu calmé
L'emportement du Démon de la gloire.
L'autre Démon qui préfide à l'amour
Vint à fes fens s'expliquer à fon tour.
Il plaidait mieux ; il gagna la victoire.
D'un air diftrait le bon Prince écouta
Le gros Louvet qui longtems harangua,
Puis en fa chambre en fecret il alla,
Où d'un cœur trifte et d'une main tremblante
Il écrivit une lettre touchante,
Que de fes pleurs tendrement il mouilla.
Pour les fécher Bonneau n'était pas là.
Meffire Hugon Gentilhomme ordinaire
Fut dépêché chargé du doux billet.
Une heure après, ô douleur trop amère !
Nôtre courier raporte le poulet.
Le Roi faifi d'une crainte mortelle,
Lui dit hélas ! pourquoi donc reviens tu ?
Sire, armez-vous de force et de vertu,
Les Anglais, Sire, ... ah ! tout eft confondu ;
Sire, ils ont pris Agnès et la Pucelle,
A ce propos, dit fans ménagement,
Le Roi, tomba, perdit tout fentiment,
Et de fes fens il ne reprit l'ufage
Que pour fentir l'effet de fon tourment.
Contre un tel coup quiconque a du courage
N'eft pas fans doute un véritable amant.
Le Roi l'était ; un tel événement
Le tranfperçait de douleur et de rage.
Ses Chevaliers perdirent tous leurs foins
A l'arracher à fa douleur cruelle,
Charle fut prêt d'en perdre la cervelle,
Son père helas ! la perdit pour bien moins.
Ah ! cria t'il, que l'on m'enléve Jeanne,

Mes

Mes Chevaliers, tous mes gens à soutanne,
Mon Directeur, et le peu de pays
Que m'ont laissé mes destins ennemis.
Cruels Anglais Pressés moi plus encore
Mais laissez moi ce que mon cœur adore,
Et respectés cet objet de mes vœux
Amour, Agnès, Monarque malheureux !
Je l'ai perdue ! il faudra que j'en meure.
Je l'ai perdue, et pendant que je pleure,
Peut-être hélas ! quelqu'insolent Anglais
A son plaisir subjugue tes attraits,
Faits seulement pour des baisers Français.
Une autre bouche à tes lévres charmantes
Pourait ravir ces faveurs si touchantes ?
Une autre main caresser tes beautés ?
Une autre ! ô Ciel que de calamités.
Et qui fait même en ce moment terrible
A leurs plaisirs si tu n'es pas sensible,
Qui fait helas ! si ton tempérament
Ne trahit pas ton malheureux amant
Le triste Roi, de cette incertitude
Ne pouvant plus souffrir l'inquiétude,
Va sur ce cas consulter les Docteurs,
Nécromanciens, Devins, Sorbonniqueurs.
Juifs, Jacobins, quiconque savait lire.
Messieurs, dit il, il convient de me dire
Si mon Agnès est fidéle à sa foi,
Si pour moi seul sa belle ame soupire.
Gardez vous bien de tromper vôtre Roi ;
Dites moi tout ; de tout il faut m'instruire.
Eux bien payez consultèrent soudain
En Grec, Hébreu, Siriaque, Latin ;
L'un du Roi Charle examine la main,
L'autre en quarré dessine une figure ;

N   Un

Un autre obſerve et Vénus et Mercure,
Un autre va ſon Pſautier parcourant,
Diſant *amen* et tout bas marmottant.
Cet autre-ci regarde au fond d'un verre,
Et celui-là fait des cercles à terre,
Il n'eſt aucun qui doute de ſon Art
Et peuſant tous que le Diable y tient part,
Aux yeux du Prince ils travaillent, ils ſuent,
Puis louant Dieu, tous enſemble ils concluent
Que ce grand Roi peut dormir en repos·
Qu'il eſt le ſeul parmi tous les Héros
A qui le Ciel par ſa grace infinie,
Daigne octroyer une fidèle amie,
Qu'Agnès eſt ſage, et fuit tous les Amans.
Ils ſe trompaient hélas ! les bonnes gens.
Puis fiez-vous à Meſſieurs les Savants:
   Cet Aumonier terrible, miſerable
Avait ſaiſi le moment favorable :
Malgré les cris, malgré les pleurs d'Agnès
Il triomphait de ſes jeunes attraits,
Il raviſſait des plaiſirs imparſaits.
Volupté triſte et fauſſe jouiſſance,
Honteux plaiſirs qu'amour ne connait pas,
Car qui voudrait tenir entre ſes bras
Une beauté qui détourne la bouche,
Qui de ſes pleurs inonde vôtre couche ;
Un honnête homme a bien d'autres dèſirs.
Il n'eſt heureux qu'en donnant des plaiſirs.
Un Aumonier n'eſt pas ſi difficile :
Il va piquant ſa monture indocile,
Sans s'informer ſi le jeune tendron
Sous ſon empire a du plaiſir ou non.
   Le page aimable amoureux et timide

Qui

Qui dans le bourg était allé courir
Pour dignement honorer et servir
La Déïté qui de son fort décide,
Revint enfin.   Las ? il revint trop tard.
Il rentre, il voit le damné de frapart
Qui tout en feu dans sa brutale joye
Se démenait et dévorait sa proye.
Le beau Monrose à cet objet fatal
Le fer en main vôle sur l'animal ;
Du Chapelain l'impudique furie
Céde au besoin de défendre sa vie ;
Du lit il saute ; il empoigne un bâton ;
Il s'en excrime, il acole le page.
Chacun des deux est brave Champion.
Monrose est plein d'amour est de courage ;
Et l'Aumonier de luxure et de rage.
Les gens heureux qui goutent dans les champs
La douce paix, fruit des jours innocens,
Ont vû souvent près de quelque bocage
Un Loup cruel affamé de carnage,
Qui de ses dents déchire la toïson
Et boit le sang d'un malheureux mouton.
Si quelque chien à l'oreille écourtée
Au cœur superbe, à la gueule endentée
Vient comme un trait tout prêt à guerroyer ;
Incontinent l'animal carnaffier
Laiffe tomber de sa gueule écumante
Sur le gazon la victime innocente ;
Il court au chien qui sur lui s'élançant
A l'ennemi livre un combat sanglant ;
Le Loup mordu tout bouillant de colére
Croit étrangler son superbe adversaire ;
Et le mouton palpitant auprès d'eux

Fait pour le chien de très fincères vœux.
C'était ainfi que l'aumônier nerveux
D'un cœur farouche et d'un bras formidable
Se débattait contre le page aimable.
Tandis qu'Agnès demi-morte de peur
Reftait au lit, digne prix du vainqueur.
    L'hôte, et l'hoteffe, et toute la famille,
Et les valets et la petite fille,
Montent au bruit: on fe jette entre deux,
On fit fortir l'Aumonier fcandaleux,
Et contre lui chacun fut pour le Page.
Jeuneffe, et grace ont par tout l'avantage.
Le beau Monrofe eut donc la liberté
De refter feul auprès de fa beauté.
Et fon rival hardi dans fa détreffe,
Sans s'étonner alla chanter fa Meffe.
Agnès honteufe, Agnès au défefpoir
Qu'un Sacriftain à ce point l'eut polluë,
Et plus encor qu'un beau page l'eut vuë
Dans le combat indignement vaincuë,
Verfait des pleurs et n'ofait plus le voir.
Elle eut voulu que la mort la plus prompte
Fermât fes yeux, et terminât fa honte.
Elle difait dans fon grand défaroi
Pour tout difcours, ah! Monfieur tués moi.
Qui? vous mourir, lui répondit Monrofe?
Je vous perdrais, ce traitre en ferait caufe?
Ah! croyez-moi? fi vous aviez péché
Il faudrait vivre et prendre patience?
Eft-ce à nous deux de faire pénitence?
D'un vain remord vôtre cœur eft touché.
Divine Agnès, quelle erreur eft la vôtre?
De vous punir pour le péché d'un autre?
Si fon difcours n'était pas éloquent,

Ses

Ses yeux l'était. Un feu tendre, et touchant
Infinuait à la belle attendrie,
Quelque défir de conferver fa vie.
Falut diner ; car malgré nos chagrins
Chetifs mortels (j'en ai l'expérience)
Les malheureux ne font point abftinence.
En enrageant on fait encor bombance.
Voilà pourquoi tous ces auteurs divins,
Ce bon Virgile, et ce bavard d'Homère
Que tout Savant même en baillant révere,
Ne manquent point au milieu des combats
L'occafion de parler d'un repas.
La belle Agnès dina donc tête à tête
Près de fon lit avec ce page honnête.
Tous deux d'abord également honteux
Sur leur affiéte arrétaient leurs beaux yeux,
Puis enhardis tous deux fe regardèrent,
Et puis enfin tous deux ils fe lorgnèrent.
Vous favez bien que dans la fleur des àns
Quand la fanté brille dans tous vos fens
Qu'un bon dîner fait couler dans vos veines
Des paffions les femences foudaines,
Tout vôtre cœur cède au befoin d'aimer :
Vous vous fentez doucement enflamer
D'une chaleur bénigne, et pétillante.
La chair eft faible, et le Diable vous tente.
Le beau Monrofe en ces tems dangereux
Ne pouvant plus commander à fes feux,
Se jette aux pieds de la belle éplorée.
O cher objet ? ô maitreffe adorée !
C'eft à moi feul déformais de mourir.
Ayez pitié d'un cœur foumis, et tendre ;
Quoi donc mon cœur ne pourait obtenir
Ce qu'un barbare a bien ofé vous prendre !

Ah !

Ah! si le crime a pû le rendre heureux :
Que devez-vous à l'amour vertueux ?
C'eſt lui qui parle et vous devez l'entendre.
Cet argument paraiſſait aſſez bon.
Agnès ſentit le poids de la raiſon.
Une heure encor elle va ſe déffendre,
Elle voulait reculer ſon bonheur,
Pour accorder le plaiſir, et l'honneur :
Sachant très bien qu'un peu de réſiſtance
Vaut cent fois mieux que trop de complaiſance.
Monroſe enfin, Monroſe couronné,
Eut tous les droits d'un Amant fortuné :
Du vrai bonheur, il eut la jouiſſance.
Du Prince Anglais la gloire, et la puiſſance
Ne s'étendait que ſur des Rois vaincus,
Le fier Henri n'avait pris que la France,
Le lot du Page était bien audeſſus.
Mais que la joye eſt trompeuſe et legére !
Que le bonheur eſt choſe paſſagére !
Le charmant Page à peine avait gouté
De ce torrent de pure volupté ;
Que des Anglais arrive une cohorte.
On monte, on entre, on enfonce la porte.
Couple énivré des careſſes d'amour,
C'eſt l'aumonier qui vous joua ce tour.
On prend Agnes avec ſon ami tendre,
Devant Chandos on s'en va les mener.
Certes au Diable il faudrait me donner
Pour vous décrire et pour vous bien aprendre,
L'effroi, le trouble, et la confuſion,
Le déſéſpoir, la déſolation,
L'amas d'horreurs, l'état épouvantable
Qui le beau page et ſon Agnès accable.
Ils rougiſſaient de s'être fait heureux.

A

A Jean Chandois que diront-ils tous deux?
Dans le chemin advint que de fortune
Le corps Anglais rencontra fur la brune
Vingt Chevaliers qui pour Charle tenaient
Et qui de nuit en ces quartiers rodaient
Pour découvrir fi l'on avait nouvelle
Touchant Agnès et touchant la Pucelle.
Quand deux mâtins, deux coqs, et deux amans
Nés contre nés fe rencontrent aux champs ;
Lors qu'un fupôt de la grace éfficace
Trouve un col tors de l'école d'Ignace,
Quand un Enfant de Luther, ou Calvin
Voit par hazard un Prêtre ultramontain ;
Sans perdre tems un grand combat commence,
A coups dè gueule, ou de plume, ou de lance.
Semblablement les Gendarmes de France
Tout de plus loin qu'ils virent les Bretons
Fondent deffus legers comme faucons.
Les gens Anglais font gens qui fe deffendent.
Mille beaux coups fe donnent, et fe rendent.
Le fier courfier qui notre Agnès portait
Etait actif, jeune, fringuant comme elle,
Il fe cabrait, il ruait, il tournait.
Agnès allait fautillant fur la felle.
Bientôt au bruit des cruels combattans
Il s'éffarouche ; il prend le mort aux dents ;
Agnès en vain veut d'une main timide
Le gouverner dans fa courfe rapide,
Elle eft trop faible, il lui falut enfin,
A fon cheval remettre fon deftin.
Le beau Monrofe au fort de la mêlée
Ne peut favoir ou fa Nimphe eft allée.
Le Courfier vole auffi prompt que le vent,
Et fans relache ayant couru fix mille,

D

Il s'arrêta dans un valon tranquille,
Tout vis à vis la porte d'un couvent.
Un bois était près de ce monaftère ;
Auprès du bois une onde vive, et claire
Fuit, et revient, et par de longs détours
Parmi des fleurs elle poursuit son cours.
Plus loin s'élève une coline verte
A chaque Automne enrichie, et couverte,
Des doux préfens dont Noë nous dota,
Lors qu'a la fin son grand cofre il quitta,
Pour réparer du genre humain la perte,
Et que lasſé du ſpectacle de l'eau
Il fit du vin par un art tout nouveau.
Flore, et Pomone, et la féconde haleine
Des doux Zéphirs, parfument ces beaux champs.
Sans ſe laſſer, l'œil charmé s'y promêne.
Le Paradis de nos premiers Parens
N'avait point eû de vallons plus riants,
Plus fortunés, et jamais la nature
Ne fut plus belle et plus riche et plus pure,
L'air qu'on reſpire en ces lieux écartés,
Porte la paix dans les cœurs agités,
Et des chagrins calmant l'inquiétude,
Fait aux mondains aimer la ſolitude.
Au bord de l'onde Agnès ſe repoſa,
Sur le couvent ſes beaux yeux arrêta,
Et de ſes ſens le trouble ſe calma.
C'etait Lecteur un Couvent de Nonettes.
Ah ! dit Agnès, adorables retraites !
Lieux ou le Ciel a verſé ſes bienfaits !
Séjour heureux d'innocence et de paix !
Hélas ! du ciel la faveur infinie
Peut-être ici me conduit tout exprès
Pour y pleurer les erreurs de ma vie.

De chaftes Sœurs époufes de leur DIEU
De leurs vertus embeaument ce beau lieu
Et moi fameufe entre les pécherelfes,
J'ai confumé mes jours dans les faiblelfes.
Agnès ici parlant à haute voix,
Sur le portail aperçut une croix :
Elle adora d'humilité profonde
Ce figne heureux du falut de ce monde:
Et fe fentant quelque componction
Elle comptait s'en aller à confelfe ;
Car de l'amour à la dévotion
Il n'eft qu'un pas. L'une et l'autre eft tendrelfe.
Or du moutier la vénérable Abelfe
Depuis deux jours était allée à Blois,
Pour du Couvent y foutenir les droits.
La fœur befogne avait en fon abfence
Du Saint troupeau la bénigne intendance.
Elle accourut au plus vite au parloir,
Puis fit ouvrir pour Agnès recevoir.
Entrez, dit-elle, aimable voyageufe
Quel bon patron, qu'elle fête joyeufe
Peut amener au pied de nos Autels
Cette beauté dangereufe aux mortels?
Seriez-vous point quelque Ange ou quelque Sainte
Qui des beaux Cieux abandonne l'enceinte
Pour ici bas nous faire la faveur
De confoler les filles du Seigneur ?
Agnès répond, c'eft pour moi trop d'honneur,
Je fuis ma fœur une pauvre mondaine:
De grands péchez mes beaux jours font ourdis ;
Et fi jamais je vais en Paradis
Je n'y ferai qu'auprès de Magdelaine.
De mon deftin le caprice fatal
DIEU, mon bon Ange et furtout mon cheval,

O

Ne

Ne fait comment en ces lieux m'ont portée ;
De grand remords mon ame eft agitée ;
Mon cœur n'eft point dans le crime endurci.
J'aime le bien, j'en ai perdu la trace,
Je le retrouve, et je fens que la grace
Pour mon falut veut que je couche ici.
La fœur befogne avec douceur prudente
Encouragea la belle penitente
Et de la grace exaltant les attraits
Dans fa Celule elle conduit Agnès.
Celule propre et bien illuminée,
Pleine de fleurs et galament ornée,
Lit ample et doux : on dirait que l'amour
A de fes mains arangé ce féjour,
Agnès tout bas louant la Providence
Dit, qu'il eft doux de faire pénitence.
   Après foupé (car je n'omettrai point
Dans mes recits ce noble et digne point.)
Befogne dit à la belle étrangére
Il eft nuit clofe, et vous favez ma chére,
Que c'eft le tems ou les efprits malins
Rodent par tout et vont tenter les Saints.
Il nous faut faire une œuvre profitable :
Couchons enfemble, afin que fi le Diable
Veut contre nous faire ici quelque effort,
Nous trouvant deux, le Diable en foit moins fort.
La Dame errante accepta la partie
Elle fe couche, et croit faire œuvre pie,
Croit qu'elle eft Sainte, et que le Ciel l'abfout ;
Mais fon deftin la pourfuivait partout.
Puis-je au Lecteur raconter fans vergogne ;
Ce que c'était que cette fœur Befogne ?
Il faut le dire, il faut tout publier.
La fœur Befogne était un Bachelier,

Qui

Qui d'un Hercule eut la force en partage.
Et d'Adonis le gracieux visage :
N'ayant encor que vingt ans et demi,
Blanc comme lait, et frais comme rosée,
La Dame Abesse en personne avisée
En avait fait depuis peu son ami.
Sœur Bachelier vivait dans l'Abaïe
En cultivant son ouaille jolie.
Ainsi qu'Achille en fille déguisé
Chez Licoméde était favorisé
Des doux baisers de sa Déidamie.

    La pénitente était à peine au lit
Avec sa sœur, soudain elle sentit,
Dans la Nonnain métamorphose étrange,
Assurément elle gagnait au change.
Crier, se plaindre, éveiller le couvent,
N'aurait été qu'un scandale imprudent.
Souffrir en paix, soupirer et se taire
Se résigner, est tout ce qu'on peut faire.
Puis rarement en cette occasion
On a le tems de la reflexion.
Quand sœur Besogne à sa fureur claustrale,
(Car on se lasse) eut mis quelque intervale,
La belle Agnès, non sans contrition
Fit en secret cette reflexion.
C'est donc en vain que j'eus toûjours en tête
Le beau projet d'être une femme honnête,
C'est donc en vain que l'on fait ce qu'on peut.
N'est pas toujours femme de bien qui veut.

CHANT NEUVIEME.

*Les Anglais violent le Couvent : Combat
de Saint George Patron d'Angleterre
contre Saint Denis Patron de la France.*

JE vous dirai fans harangue inutile,
  Que le matin nos deux charmants reclus
Laffés tous deux de plaifirs deffendus,
S'abandonnaient l'un vers l'autre étendus
Aux doux repos d'une ivreffe tranquile.
Un bruit affreux dérangea leur fommeil.
De tous côtés le flambeau de la guerre,
L'horrible mort éclaire leur réveil.
Près du couvent le fang couvrait la terre.
Cet efcadron de Maladrins Anglais
Avait battu cet efcadron Français.
Ceux-ci s'en vont à travers de la plaine:
Le fer en main, ceux-là volent après ;
Frapant, tuant, criant tous hors d'haleine
Mourez fur l'heure, ou rendez-nous Agnès.
Mais aucun d'eux n'en s'avait des nouvelles.
Le vieux Colin Pafteur de ces Cantons,
Leur dit, Meffieurs, en gardant mes moutons
Je vis hier le miracle des belles,
Qui vers le foir entrait en ce moutier ;
Lors les Anglais fe mirent à crier ;
Ah ! c'eft Agnès, n'en doutons point, c'eft elle ;
Entrons amis ; la Cohorte cruelle

Saute

Saute à l'inftant deffus ces murs bénis.
Voilà les loups au milieu des brebis.
Dans le Dortroir de Celule en Celule,
A la chapelle, à la Cave, en tout lieu.
Ces ennemis des Servantes de DIEU,
Attaquent tout fans honte et fans fcrupule.
Ah! fœur Agnès, fœur Marton, fur Urfule
Ou courez-vous? levant les mains aux Cieux,
Le trouble au fein, la mort dans vos beaux yeux!
Où fuyez vous Colombes gemiffantes ?
Vous embraffez de vos mains impuiffantes,
Ce Saint Autel afile redouté
Sacré garant de vôtre chafteté.
C'eft vainement dans ce péril funefte
Que vous criez à vôtre époux célefte.
A fes yeux même, à ces mêmes Autels
Tendres Troupeaux, vos raviffeurs cruels
Vont profaner la foi pure et facrée
Qu'au doux Jefus vôtre bouche a jurée.
  Je fçai qu'il eft des Lecteurs bien mondains,
Gens fans pudeur, ennemis des nonnains
Mauvais plaifants, de qui l'Efprit frivole
Ofe infulter aux filles qu'on viole ;
Laiffons-les dire ; helas, mes chéres fœurs
Qu'il eft affreux pour de fi jeunes cœurs
Pour des beautez fi fimples, fi timides,
De fe débattre en des bras homicides,
De recevoir les baifers dégoutans,
De ces félons de carnage fumants,
Qui d'un effort déteftable et farouche
Les yeux en feu, le blafphême à la bouche,
Mèlent l'horreur avec la volupté,
Et font l'amour avec férocité:
De qui l'haleine horrible, empoifonnée

La barbe dure et la main forcenée,
Le corps hideux, le bras noir et sanglant,
Semblent donner la mort en careſſant,
Et qu'on prendrait dans leurs fureurs étranges,
Pour des Démons qui violent des Anges.
Deja le crime aux regards effrontés
Contemple à nud ces dévotes beautés.
Sœur Rebondi ſi diſcrette et ſi ſage
Au fier Shipunk eſt tombée en partage :
Le dur Barclay, l'incrédule Warton
Sont tous les deux après ſœur Amidon.
On pleure, on crie, on jure, on preſſe, on cogne.
Dans le tumulte on voyait ſœur Belogne
Se débatant contre Bard et Curton,
Qui la preſſaient ſans entendre raiſon.
Aimable Agnès dans la troupe affligée
Vous n'étiez pas pour être négligée :
Et vôtre ſort objet charmant et doux,
Eſt à jamais de pêcher malgré vous.
Le Chef ſanglant de la Gent ſacrilége
Hardi vainqueur vous preſſe, vous aſſiége,
Et les ſoldats ſoumis dans leur fureur
Avec reſpect lui cédaient cet honneur.
    Le juſte Ciel en ſes décrets ſévéres
Met quelquefois un terme à nos miſéres.
Car dans le tems que Meſſieurs d'Albion
Avaient placé l'abomination
Tout au milieu de la ſainte Sion ;
Du haut des Cieux le Patron de la France
Le bon Denis propice à l'innocence,
Crut échaper aux ſoupçons inquiets
Du fier Saint George ennemi des Français.
Du Paradis il vint en diligence.
Mais pour deſcendre au terreſtre ſéjour

Plus

Plus ne monta fur un rayon du jour ;
Sa marche alors auroit paru trop claire.
Il s'en alla vers le Dieu du miſtère,
Dieu ſage et fin, grand ennemi du bruit,
Qui partout vôle et ne va que de nuit.
Il favoriſe (et certes c'eſt dommage)
Force fripons ; mais il conduit le ſage ;
Il eſt ſans ceſſe à l'Egliſe, à la Cour ;
Au tems jadis il a guidé l'amour.
Il mit d'abord au milieu d'un nuage
Le Bon Denis ; puis il fit le voyage
Par un chemin ſolitaire, écarté,
Parlant tout bas, et marchant de côté.
Des bons Français le protecteur fidèle
Non loin de Blois rencontra la pucelle,
Qui ſur le dos de ſon gros muletier
Gagnait pays par un petit ſentier,
En priant Dieu qu'une heureuſe avanture
Lui fit enfin retrouver ſon armure.
Tout du plus loin que Saint Denis la vit,
D'un ton bénin le bon Patron lui dit ;
O! ma pucelle, ô vierge deſtinée
A protéger les filles et les Rois,
Viens ſecourir la pudeur aux abois ;
Viens reprimer la rage forcenée ;
Viens, que ce bras vangeur des fleurs de Lys
Soit le ſauveur de mes tendrons bénis :
Voi ce Couvent ; le tems preſſe, on viole :
Viens ma pucelle ; il dit et Jeanne y vole.
Le cher Patron lui ſervant d'échier,
A coup de fouet hâtait le muletier.
Vous voici Jeanne au milieu des infâmes
Qui polluoient ces vénérables Dames.
Jeanne était nuë ; un Anglais impudent

Vers

Vers cet objet tourne soudain la tête.
Il la convoite : il pense fermement
Qu'elle venait pour être de la fête.
Vers elle il court, et sur sa nudité
Il va cherchant la sale volupté.
On lui répond d'un coup de cimeterre
Droit sur le nez. L'infame roule à terre,
Jurant ce mot des Français révéré,
Mot énergique, au plaisir consacré,
Mot que souvent le profane vulgaire
Indignement prononce en sa colère.
Jeanne à ses pieds foulant son corps sanglant,
Criait tout haut à ce peuple méchant :
Cessez cruels, cessez troupe profane,
O violeurs, craignez DIEU ; craignez Jeanne.
Ces mécréans au grand œuvre attachés
N'écoutaient rien, sur leurs nonains nichés ;
Tels des ânons broutent des fleurs naissantes
Malgré les cris du maitre et des servantes.

  Jeanne qui voit leurs impudents travaux,
De grande horreur saintement transportée,
Invoquant DIEU, de Denis assistée
Le fer en main vole de dos en dos.
De nuque en nuque, et d'échine en échine,
Frapant, perçant de sa lance divine ;
Pourfendant l'un alors qu'il commençait,
Dépêchant l'autre alors qu'il finissait :
Et moissonnant la cohorte félonne,
Si, que chacun fut perché sur sa none,
Et perdant l'ame au fort de son désir
Allait au Diable en mourant de plaisir.
Le fier Warton dont la lubrique rage
Avait en bref consommé son ouvrage,
Le fier Warton fut le seul écuier,

Qui

Qui de fa none ôfa fe délier,
Et droit en pied, reprenant fon armure
Attendit Jeanne et changea de pofture.
O vous grand faint protecteur de l'état
Bon Saint Denis témoin de ce combat
Daignez redire à ma mufe fidèle
Ce qu'à vos yeux fit alors la pucelle.
Jeanne d'abord frémit, s'émerveilla ;
Mon cher Denis ? mon Saint que vois-je là ?
Mon corfelet, mon armure célefte,
Ce beau préfent que tu m'avais donné
Brille à mes yeux au dos de ce damné ?
Il a mon cafque, il a ma foubrevefte.
Il était vrai, la Jeanne avait raifon.
La belle Agnès en troquant de jupon
De cette armure en fecret habillée
Par Jean Chandos fut bientôt dépouillée.
Ifaac Warton Ecuier de Chandos,
Prit cet armure et s'en couvrit le dos ;
Et DIEU permit qu'en ce jour la pucelle
Contre Warton combattit pour icelle.
Le fier Anglais de fer enharnaché
Eut a fon tour l'Ame bien ftupefaite
Quand il fe vit fi richement chargé
Par une jeune et fringante brunette.
La voyant nue il eut un grand remords :
Sa main tremblait de bleffer ce beau corps.
Et de la belle admirant les trefors,
Il recula quatre pas en arrière,
Dans ce momeur il eut voulu lui plaire.
  Saint George alors au fein du Paradis
Ne voyant plus fon confrére Denis,
Se douta bien que le Saint de la France

P

Portait aux fiens fa divine affiftance.
Il promenait fes regards inquiets
Dans les recoins du célefte Palais.
Sans balancer auffitôt il demande
Son beau cheval connu dans la légende:
Le cheval vint; George le bien monté,
La lance au poing et le fabre au côté,
Va parcourant cet éffroyable efpace,
Que des humains veut mefurer l'audace ;
Ces Cieux divers, ces globes lumineux
Que fait tourner *René* le fonge creux,
Dans un amas de fubtile poufliére:
Beaux tourbillons que l'on ne connôit guère,
Et que Newton rêveur bien plus fameux
Fait tournoyer fans bouffole et fans guide
Autour de rien, tout au milieu du vuide.
George enflammé de dépit et d'orgueil
Franchit ce vuide, arrive en un clein d'œil
Devers les lieux arrofés par la Loire
Où Saint Denis croyait chanter victoire.
Ainfi l'on voit dans la profonde nuit
Une cométe en fa longue carrière
Etinceller d'une horrible lumière.
On voit fa queuë, et le peuple frémit ;
Le Pape en tremble, et la terre étonnée
Croit que les vins vont manquer cette année.
    Tout du plus haut que Saint George aperçut
Monfieur Denis, de colère il s'émut ;
Et brandiffant fa lance meurtriére,
Il dit ces mots dans le vrai goût d'Homère.
" Denis, Denis ! rival faible et hargneux,
" Timide apui d'un parti malheureux,
" Tu defcends donc en fecret fur la terre

" Pour égorger mes Héros d'Angleterre ?
" Crois-tu changer les ordres du deſtin
" Avec ton âne et ton bras féminin ?
" Ne crains-tu pas que ma juſte vengeance
" Puniſſe enfin, toi, ta fille et la France ?
" Ton triſte chef branlant ſur ton col tors
" S'eſt déja vû ſéparé de ton corps.
" Je veux t'ôter aux yeux de ton Egliſe,
" Ta tête chauve en ſon lieu mal remiſe,
" Et t'envoyer vers les murs de Paris
" Digne Patron des Badauts attendris,
" Dans ton fauxbourg, où l'on chôme ta fête,
" Tenir encor et rebaiſer ta tête.
Le bon Denis levant les mains aux Cieux
Lui répondit d'un ton tendre et piteux:
O grand Saint George ! ô mon puiſſant confrère !
Veux tu toûjours éçouter ta colère ?
Depuis le tems que nous ſommes au Ciel
Ton cœur dévot eſt tout pétri de fiel.
Nous faudra-t-il, bien heureux que nous ſommes
Saints enchâſſés, tant fêtés chez les hommes,
Nous qui devons l'exemple aux Nations
Nous décrier par nos diviſions ?
Veux-tu porter une guerre cruelle
Dans le ſéjour de la paix éternelle ?
Juſques à quand les Saints de ton pays
Mettront-ils donc le trouble en Paradis ?
O fiers Anglais, gens toujours trop hardis,
Le Ciel un jour à ſon tour en colère
Se laſſera de vos façons de faire.
Le Ciel n'aura (grace à vos ſoins jaloux)
Plus de dévots qui viennent de chez vous.
Malheureux Saint, pieux atrabilaire,

Pa-

Patron maudit d'un peuple fanguinaire,
Sois plus traitable, et pour Dieu laiffe moi
Sauver la France, et fécourir mon Roi.
　　A ce difcours George bouillant de rage
Sentit monter le rouge à fon vifage :
Et des Badauts contemplant le Patron
Il redoubla de force et de courage,
Car, il prenàit Denis pour un poltron.
Il fond fur lui tel qu'un puiffant Faucon
Vole de loin fur un tendre Pigeon.
Denis recule et prudent il appelle
A haute voix fon âne fi fidèle,
Son âne ailé fa joye et fon fecours.
Viens, criait-il, viens deffendre ma vie.
L'animal Saint revenait d'Italie
En ce moment ; et moi conteur fuccinct
Dirai bientôt ce qui fit qu'il revint.
A fon Denis dos et felle il préfente.
Nôtre Patron fur fon âne élancé,
Sentit foudain fa valeur renaiffante.
Subtilement il avait ramaffé
Le fer fanglant d'un Anglais trépaffé.
Lors brandillant le fatal cimeterre
Il pouffe à George, il le preffe, il le ferre.
George indigné lui fait tomber en bref
Trois horions fur fon malheureux chef :
Tous font parés. Denis garde fa tête,
Et de fes coups fait tomber la tempête
Sur le Cheval et fur le Cavalier.
Le feu jaillit fur l'élaftique acier.
Les fers croifés et de taille et de pointe
A tout moment vont au fort du combat
Chercher le cou, le cafque, le rabat

Et

Et l'auréole, et l'éndroit délicat
Où la cuiraſſe à l'éguillette eſt jointe.
Tous deux tenaient la victoire en ſuſpens:
Quand de ſa voix terrible et diſcordante
L'âne entonna ſa muſique écorchante.
Le Ciel en tremble; écho du fond des bois
En frémiſſant reſpecte cette voix.
George pâlit: Denis d'une main leſte
Fait une feinte, et d'un revers céleſte
Tranche le nez du grand Saint d'Albion:
Le bout ſanglant roule ſur ſon arçon.
George ſans nez, maïs non pas ſans courage,
Vange à l'inſtant l'honneur de ſon viſage,
Et jurant DIEU ſelon les nobles *us*
De ſes Anglais, d'un coup de cimeterre
Coupe à Denis ce que jadis Saint Pierre
Certain Jeudi fit tomber à *Malchus.*
A ce ſpectacle, à la voix empoulée
De l'âne ſaint, à ſes terribles cris
Tout fut ému dans les divins lambris.
Le beau portail de la voute étoilée
S'ouvrit alors, et des arches du Ciel
On vit ſortir l'Arcange Gabriel
Qui ſoutenu ſur ſes brillantes ailes
Fend doucement les plaines éternelles,
Portant en main la verge qu'autrefois
Devers le Nil eut le divin Moiſe,
Quand dans la mer ſnſpendue et ſoumiſe
Il engloutit les peuples et les Rois.
Que vois-je ici, cria-t-il en colère!
Deux Saints Patrons! deux enfans de lumière!
Du DIEU de paix confidens éternels
Vont s'échigner comme de vils mortels?

Laiſ-

Laiſſez, laiſſez aux ſots enfans des femmes
Les paſſions et le fer et les flammes:
Abandonnez à leur profane ſort
Les corps chétifs de ces groſſières âmes
Nès dans la fange et formés pour la mort,
Mais vous, enfans qu'au ſéjour de la vie
Le Ciel nourit de ſa pure ambroſie,
Etes-vous las d'être trop fortunés ?
Etes-vous fous ? Ciel ! une oreille ; un nez !
Vous que la grace et la miſéricorde
Avaient formés pour prêcher la concorde !
Pouvez-vous bien de je ne ſcai quel Rois
En étourdis embraſſer la querelle ?
Ou renoncez à la voute éternelle,
Ou dans l'inſtant qu'on ſe rende à mes loix ;
Que dans vos cœurs la charité s'éveille.
George inſolent, ramaſſez cette oreille,
Ramaſſez, dis-je : et vous Monſieur Denis
Prenez ce nez avec vos doigts bénis :
Que chaque choſe en ſon lieu ſoit remiſe.
Denis ſoudain va d'une main ſoumiſe
Rendre le bout au nez qu'il fit camus,
George à Denis rend l'oreille dévotte
Qu'il lui coupa. Chacun des deux marmotte
A Gabriel un gentil *Orémus.*
Tout ſe rajuſte ; et chaque cartilage
Va ſe placer à l'air de ſon viſage.
Sang, fibres, chair, tout ſe conſolida,
Et nul veſtige aux deux Saints ne reſta
De nez coupé, ni d'oreille abattuë :
Tant les Saints ont la chair ferme et dodüe.
Puis Gabriel d'un ton de Préſident
Çà, qu'on s'embraſſe. Il dit, et dans l'inſtant

Le

Le bon Denis fans fiel et fans colère
De bonne foi baifa fon adverfaire :
Mais le fier George en l'embraffant jurait,
Et promettait que Denis le pairait.
Le bel Arcange après cette ambraffade
Prend mes deux Saints ; et d'un air gracieux,
A fes côtés les fait voguer aux Cieux,
Où de Nectar on leur verfe razade.
   Peu de Lecteurs croiront ce grand combat.
Mais fous les murs qu'arrofait le Scamandre
N'a-t-on pas vu jadis avec éclat
Les Dieux armés, de l'Olimpe defcendre ?
N'a-t-on pas vu chez le fage Milton
D'Anges aîlés toute une Légion
Rougir de fang les céleftes campagnes,
Jetter au nez quatre ou cinq cent montagnes,
Et qui pis eft, avoir du gros canon ?
Pardonnez moi ce peu de fiction
Qui fous les noms de Denis et de George
Vous a dépeint les peuples d'Albion,
Et les Francais qui fe coupaient la gorge.
   Mais dans le Ciel fi la paix revenait,
Il en était autrement fur la terre,
Séjour maudit de difcorde et de guerre.
Le bon Roi Charle en cent endroits courait,
Nommait Agnès, la cherchait, et pleurait.
Et cependant Jeanne la foudroyante
De fon épée invincible et fanglante
Au fier Warton le trépas préparait ;
Elle l'atteint vers l'énorme partie
Dont cet Anglais pollua le Couvent.
Warton chancéle, et fon glaive tranchant
Quitte fa main par la mort engourdie.
Il tombe, et meurt en reniant les Saints.

Le vieux troupeau des antiques Nonains
Voyant aux pieds de l'Amazone Augufte
Le Chevalier fanglant et trébuché,
Difant *ave*, s'écriait; il eft jufte
Qu'on foit puni par où l'on a péché.
Sœur Rebondi qui dans la facriftie
A fuccombé fous le vainqueur impie,
Pleurait le traitre en rendant grace au Ciel;
Et mefurant des yeux le criminel,
Elle difait d'une voix charitable ;
Hélas! hélas! nul ne fut plus coupable.

CHANT

CHANT DIXIEME.

Monrose tuë l'Aumonier. Charles retrouve
Agnès qui se consolait avec Monrose dans
le Chateau de Cutendre.

J'Avais juré de laisser la morale,
  De conter net, de fuir les longs discours:
Mais que ne peut ce grand DIEU des amours!
Il est bavard et ma plume inégale
Va griffonnant de son bec éffilé
Ce qu'il inspire à mon cerveau brulé.
Jeunes beautés, filles, veuves, ou femmes,
Qu'il enrola sous ses drapeaux charmants,
Vous qui lancez et recevez ses flammes,
Or dites moi, quand deux jeunes amans
Egaux en grace, en mérite, en talents;
Au doux plaisir tous deux vous sollicitent,
Egalement vous pressent, vous excitent,
Mettent en feu vos sensibles apas;
Vous éprouvez un étrange embarras.
Connaissez vous cette histoire frivole
D'un certain âne, illustre dans l'école?
Dans l'écurie on vient lui présenter
Pour son diner deux mesures égales
De même forme, à pareils intervales,
Des deux côtés l'ane se vit tenter
Egalement, et dressant ses oreilles
Juste au milieu des deux formes pareilles,

Q   De

De l'équilibre accompliſſant les Loix,
Mourut de faim de peur de faire un choix.
N'imitez pas cette philoſophie
Daignez plutôt honorer tout d'un tems
De vos bontez nos deux jeunes amants,
Et gardes vous de riſquer vôtre vie.
   A quelque pas de ce joli couvent
Si pollué, ſi triſte, et ſi ſanglant,
Ou le matin vingt Nones affligées
Par l'Amazone ont été trop vangées,
Près de la loire était un vieux chateau
A pont-levis, machicoulis, tourelles,
Un long canal tranſparant, à fleur d'eau,
En ſerpentant tournait au pied d'icelles,
Puis embraſſait en quatre cent jets d'arc
Les murs épais qui deffendaient le parc.
Un vieux Baron ſurnommé de Cutendre
Etait Seigneur de cet heureux logis.
En ſureté chacun pouvait s'y rendre.
Le vieux Seigneur dont l'ame eſt bonne et tendre,
En avait fait l'azile du pays,
Français, Anglais, tous étaient ſes amis.
Tout voyageur en côche, en botte, en guêtre,
Ou Prince, ou moine, ou none, ou turc, ou prêtre,
Y recevaient un accueil gracieux.
Mais il falait qu'on entrat deux à deux,
Car tout Baron a quelque fantaiſie.
Et celui ci pour jamais réſolut
Qu'en ſon Châtel en nombre pair on fut:
Jamais impair.   Telle était ſa folie.
Quand deux-à-deux on abordait chez lui,
Tout allait bien : mais malheur à celui
Qui venait ſeul en ce logis ſe rendre,
Il ſoupait mal ; il lui falait attendre

                                        Qu'un

Qu'un compagnon format ce nombre heureux
Nombre parfait qui fait que deux font deux.
 La fiére Jeanne ayant repris ses armes
Qui cliquetaient sur ses robustes charmes,
Devers la nuit y conduisit au frais
En devisant la belle et douce Agnès.
Cet Aumonier qui la suivait de près
Cet Aumonier ardent, insatiable
Arrive aux murs du logis charitable.
Ainsi qu'un loup qui mâche sous sa dent
Le fin duvet d'un jeune agneau bélant,
Plein de l'ardeur d'achever sa curée
Va du bercail escalader l'entrée :
Tel enflammé de sa lubrique ardeur
L'Oeil tout en feu l'Aumonier ravisseur
Allait cherchant les restes de sa joye
Qu'on lui ravit lorsqu'il tenait sa proye,
Il sonne : il crie, on vient ; on aperçut
Qu'il était seul ; et soudain il parut
Que ces deux bois dont les forces mouvantes
Font ébranler les solives tremblantes
Du pont levis, par les airs s'élevaient,
Et s'élevant le pont levis haussaient.
A ce spectacle, à cet ordre du maître,
Qui jura DIEU ? ce fut mon vilain prêtre.
Il suit de L'œil les deux mobiles bois !
Il tend les mains, veut crier, perd la voix.
On voit souvent du haut d'une goutiêre
Descendre un chat auprès d'une voliére
Tendant la griffe a travers des barreaux,
Qui contre lui deffendent les oiseaux,
Il suit de l'œil cette espèce emplumée
Qui se tapit au fond d'une ramée.
Nôtre Aumonier fut encor plus confus

Alors

Alors qu'il vit fous des ormes touffus
Un beau jeune homme à la treſſe dorée,
Au fourcil noir, à la mine aſſurée,
Aux yeux brillants, au menton cotonné,
Au teint fleuri par les graces orné,
Tout raïonnant des couleurs du bel âge :
C'était l'amour ou c'était mon beau page,
C'était Monrofe. Il avait tout le jour,
Cherché l'objet de fon naiſſant amour.
Dans le Couvent reçu par les Nonnettes,
Il aparut à ces filles difcrettes,
Non moins charmant que l'Ange Gabriel,
Pour dire *ave* venant du haut du Ciel.
Les tendres ſœurs voyant le beau Monrofe
Sentaient rougir leurs viſages de rofe,
Difant tout bas : ah ! que n'était-il là,
DIEU paternel quand on nous viola !
Toutes en cercle autour de lui ſe mirent
Parlant fans ceſſe, et lorfqu'elles aprirent
Que ce beau Page allait chercher Agnès,
On lui donna le courfier le plus frais,
Avec un guide ; afin que fans éfclandre
Il arrivat au Chateau de Cutendre.
En arrivant il vit près du chemin
Non loin du pont l'Aumonier inhumain.
Lors tout émû de joye et de colère
Ah! c'eſt donc toi prêtre de Belzebut !
Je jure ici Chandos et mon falut,
Et plus encor les yeux qui m'ont ſcu plaire,
Que tes forfaits vont enfin ſe payer.
Sans repartir le bouillant Aumonier
Prend d'une main par la rage tremblante
Un Piſtolet, en preſſe la détente,
Lé chien s'abat, le feu prend, le coup part ;

Le

Le plomb chaffé fiflle et vole au hazard,
Suivant au loin la ligne mal mirée
Que lui traçait une main égarée.
Le page vife, et par un coup plus fur
Atteint le front, ce front horrible et dur,
Ou fe peignait une ame déteftable.
L'Aumonier tombe; et le page vainqueur
Sentit alors dans le fond de fon cœur
De la pitié le mouvement aimable.
Hélas ! dit-il, meurs du moins en Chrêtien ;
Dis *Te Deum*, tu vécus comme un chien :
Demande au Ciel pardon de ta Luxure,
Prononce *Amen*, donne ton âme à DIEU.
Non, répondit le maraut à tonfure
Je fuis damné, je vais au Diable: adieu.
Il dit et meurt : fon ame déloiable
Alla groffir la cohorte infernale.

Tandis qu'ainfi ce monftre impenitent
Allait rotir aux brafiers de Satan,
Le bon Roi Charle accablé de trifteffe
Allait cherchant fon errante maitreffe :
Se promenant pour calmer fa douleur
Devers la Loire avec fon confeffeur.

Il faut ici, Lecteur, que je remarque
En peu de mots ce que c'eft qu'un Docteur,
Qu'en fa jeuneffe un amoureux Monarque
Par étiquette a pris pour directeur.
C'eft un mortel tout pétri d'indulgence,
Qui doucement fait pancher dans fes mains,
Du bien, du mal, la trompeufe balance,
Vous mêne au Ciel par d'aimables chemins
Et fait pêcher fon Maître en confcience :
Son ton, fes yeux, fon gefte, compofant,
Obfervant tout, flat'ant avec adreffe :

Le favori, le maître, la maîtresse:
Toujours accort, et toujours complaisant.
Le confesseur du Monarque Gallique
Etait un fils du bon Saint Dominique:
Il s'apellait le Pére Bonnifoux,
Homme de bien, se faisant tout à tous.
Il lui disait d'un ton devot et doux,
Que je vous plains! la partie animale
Prend le dessus: La chose est bien fatale.
Aimer Agnès est un péché vraiment;
Mais ce péché se pardonne aisément:
Au tems jadis il était fort en vogue.
Chez les Hebreux malgré le Décalogue,
Cet Abraham, ce pére des Chûans
Avec Agar s'avisa d'être pére:
Car, sa servante avait des yeux charmants
Qui de Sara méritaient la colère.
Jacob le juste épousa les deux sœurs:
Tout Patriarche a connu les douceurs
Du changement dans l'amoureux mistère.
Le vieux Booz entre ses draps reçut
Après moisson la bonne et sage Rut,
Et sans compter la belle Betzabée
Du bon David l'ame fut absorbée
Dans les plaisirs de son ample serrail.
Son vaillant fils, fameux par sa criniére
Un beau matin par grace singuliére
Vous repassa tout ce gentil bercail.
De Salomon vous savez le partage.
Comme un Oracle on écoutait sa voix,
Il sçavait tout: et des Rois le plus sage
Etait pourtant le plus paillard des Rois.

   De leurs péchés si vous suivez la trace,
Si vos beaux ans sont livrés à l'amour,

Con-

Confolez-vous ; la fageffe a fon tour.
Jeune on s'égare, et vieux on obtient grace.
   Ah! dit Charlot, ce difcours eft fort bon!
Mais que je fuis bien loin de Salomon!
Que fon bonheur augmente mes détreffes!
Pour fes ébats il eut fept cent maitreffes.
Je n'en ay qu'une ; hélas! je ne l'ai plus!
Des pleurs alors fur fon nez repandus
Interrompaient fa voix tendre et plaintive :
Lorfqu'il avife, en tournant vers la rive
Sur un cheval trottant d'un pas hardi
Un manteau rouge, un ventre rebondi,
Un vieux rabat : c'etait Bonneau lui même.
Un chaçun fait qu'après l'objet qu'on aime,
Rien n'eft plus doux pour un parfait amant,
Que de trouver fon très cher confident.
Le Roi perdant et reprenant haleine
Crie à Bonneau, quel diable te ramène?
Que fait Agnès? dis: d'ouviens-tu? quels lieux
Sont embelis, éclairez par fes yeux?
Ou la trouver? dis-donc: reponds-donc; parle.
Aux queftions qu'enfilait le Roi Charle,
Le bon Bonneau conta de point en point
Comme il avait été mis en pourpoint,
Comme il avait fervi dans la cuifine,
Comme il avait par fraude clandeftine
Et par miracle à Chandos échapé,
Quand a fe battre on était occupé :
Comme on cherchait cette beauté divine.
Sans rien omettre il raconta très bien
Ce qu'il favait ; mais il ne favait rien.
Il ignorait la fatale avanture,
Du prêtre Anglais la brutale luxure,
Du page aimé l'amour refpectueux,

                                          Et

Et du Couvent le fac inceftueux.
Après avoir bien expliqué leurs craintes,
Repris cent fois le fil de leurs complaintes,
Maudit le fort et les cruels Anglais,
Ils étaient tous plus triftes que jamais.
Il était nuit ; le char de la grande ourfe,
Vers fon Nadir, avait fourni fa courfe.
Le Jacobin dit au Prince penfif,
Il eft bien tard ! foiez mémoratif
Que tout mortel, Prince, ou moine à cette heure
Devrait chercher quelque honête demeure
Pour y fouper et pour paffer la nuit.
Le trifte Roi par le moine conduit,
Sans rien répondre, et ruminànt fa peine
Le cou panché galoppe dans la plaine ;
Et bientôt Charle et le prêtre et Bonneau
Furent tous trois aux foffés du chateau.
    Non loin du pont était l'aimable page
Lequel ayant jetté dans le canal
Le corps maudit de fon damné rival,
Ne perdait point l'objet de fon voyage,
Il dévorait en fecret fon ennui
Voyant ce pont entre fa Dame et lui.
Mais quand il vit aux rayons de la Lune
Les trois Français, il fentit que fon cœur
Du doux efpoir éprouvait la chaleur :
Et d'une grace adroite et non commune
Cachant fon nom, et fur-tout fon ardeur !
Dès qu'il parut, dès qu'il fe fit entendre
Il infpira je ne fai quoi de tendre;
Il plut au Prince, et le moine benin
Le caraiffait de fon air patelin,
D'un œil dévot et du plat de la main.
Le nombre pair étant formé de quatre

On

On vit bientôt les deux fléches abattre
Le pont mobile ; et les quatre coursiers
Font en marchant gémir les madriers.
Le gros Bonneau tout essouflé chemine :
En arrivant droit devers la cuisine,
Songe au souper. Le moine au même lieu,
Dévotement en rendit grace à DIEU.
Charle prenant un nom de Gentilhomme
Court à Cutendre avant qu'il prit son some.
Le bon Baron lui fit son compliment,
Puis le mena dans son apartement.
Charle a besoin d'un peu de solitude ;
Il veut jouïr de son inquietude :
Il pleure Agnés. Il ne se doutait pas
Qu'il fut si près de ses jeunes apas.
Le beau Monrose en fut bien d'avantage :
Avec adresse il fit causer un page ;
Il se fit dire ou reposait Agnès.
Remarquant tout avec des yeux discrets ;
Ainsi qu'un chat qui d'un regard avide
Guette au passage une souris timide,
Marchant tous doux, la terre ne sent pas
L'impression de ses pieds délicats.
Dès qu'il l'a vuë il a sauté sur elle.
Ainsi Monrose avançant vers la belle
Etend un bras, puis avance à tâtons
Posant l'orteil, et haussant les talons.
Agnès, Agnès, il entre dans ta chambre.
Moins promptement la paille vole à l'ambre.
Et le fer suit moins simpatiquement
Le tourbillon qui l'unit à l'aimant.
Le beau Monrose en arrivant se jette
A deux genoux au bord de la couchette,
Qu sa maîtresse avait entre deux draps

R

Pour sommeiller arrangé ses apas.
De dire un mot aucun deux n'eut la force
Ni le loisir ; le feu prit à l'amorce,
En un clein d'œil. Un baiser amoureux
Unit soudain leurs bouches demi closes.
Leur ame vint sur leurs lévres de roses.
Un tendre feu sortoit de leurs beaux yeux.
Dans leurs baisers leurs langues se cherchèrent :
Qu'éloquemment alors elles parlèrent !
Discours muets, langage des desirs,
Charmant prélude, organe des plaisirs
Pour un moment il vous fallut suspendre
Ce doux concert et ce duo si tendre.
Agnès aida Monrose impatient,
A dépouiller, à jetter promptement
De ses habits l'incommode parure,
Déguisement qui pése à la nature,
Dans l'age d'or aux mortels inconnu,
Que hait surtout un Dieu qui va tout nû.
Dieux ! quel objet ! est-ce Flore et Zephire ?
Est-ce Psiché qui caresse l'amour ?
Est-ce Vénus que le fils de Cinire,
Tient dans ses bras loin des rayons du jour,
Tandis que Mars est jaloux et soupire ?
Le Mars Français, Charle au fond du château,
Soupire alors avec l'ami Bonneau,
Mange à regret et boit avec tristesse,
Un vieux valet bavard de son métier
Pour égayer sa taciturne Altesse
Apprit au Roi sans se faire prier,
Que deux beautez, l'une robuste et fiere
Aux cheveux noirs à la mine guerriere,
L'autre plus douce, aux yeux bleus, au teint frais,
Couchaient alors dans la gentilhommiere :

Charle

Charle étonné les foupçonne à ces traits :
Il se fait dire et puis redire encore
Quels sont les yeux, la bouche, les cheveux
Le doux parler, le maintien vertueux
Du cher objet de son cœur amoureux.
C'est elle enfin, c'est tout ce qu'il adore ;
Il en est sur, il quitte son repas :
Adieu Bonneau, je cours entre ses bras.
Il dit, et vole et non pas sans francas.
Il était Roi cherchant peu le mistère.
Plein de sa joye il repette et redit
Le nom d'Agnès tant qu'Agnès l'entendit.
Le couple heureux en trembla dans son lit.
Que d'embarras ? comment sortir d'affaire ?
Voici comment le beau Page s'y prit.
   Pres du Lambris dans une grande armoire,
On avait mis un petit oratoire ;
Autel de poche, où lorsque l'on voulait
Pour quinze sous un Capucin venait.
Sur le rétable en voute pratiquée
Est une niche en attendant son Saint.
D'un rideau vert la niche était masquée.
Que fait Monrose ? un beau penser lui vint
De s'ajuster dans la niche sacrée
En bien heureux : derrière le rideau,
Il se tapit, sans pourpoint, sans manteau.
Le Roi s'avance, et presque dès l'entrée
Il saute au cou de sa belle adorée ;
Et tout en pleurs il veut jouïr des droits
Qu'ont les Amans, sur tout quand ils sont Rois!
Le Saint caché frémit à cette vûe,
Il fait du bruit et la table remuë.
Roi s'avance, il y porte la main
Il sent un corps, il recule, il s'écrie :

R 2

Amour,

Amour, Satan, Saint François, Saint Germain,
Moitié frayeur, et moitié jalousie:
Puis tire à lui; fait tomber sur l'autel
Avec grand bruit le rideau sous lequel
Se blotissait cette aimable figure
Qu'a son plaisir façonna la nature.
Son dos tourné par pudeur étalait
Ce que César sans pudeur soumettait
A Nicoméde en sa belle jeuneffe,
Ce que jadis le Héros de la Grèce
Admira tant dans son Epheftion,
Ce qu'Adrien mit dans le Panthéon.
Que les Héros, ô Ciel! ont de faibleffe!
Si mon Lecteur n'a point perdu le fil
De cette hiftoire, au moins fe souvient-il
Que dans le camp la courageufe Jeanne
Traça jadis au bas du dos profane
D'un doigt conduit par Monfieur Saint Denis
Adroitement trois belles fleurs de Lys.
Cet écuffon, ces Saint nud, ce derrière
Emurent Charle: il fe mit en prière.
Il croit que c'eft un tour de Belzébut.
De repentir et de douleur atteinte,
La belle Agnès s'évanouit de crainte,
Le Prince alors dont le trouble s'acrut,
Lui prend les mains; qu'on vole ici vers elle,
Accourez tous; le Diable eft chez ma belle.
Aux cris du Roi le Confeffeur troublé
Non fans regret quitte auffitot la table;
L'ami Bonneau monte tout éffouflé:
Jeanne s'éveille, et d'un bras redoutable
Prenant ce fer que la victoire fuit,
Cherche l'endroit d'ou partait tout le bruit;
Et cependant le Baron de Cutendre
Dormait à l'aife et ne put rien entendre.   CHANT

CHANT ONZIEME.

Sortie du Chateau de Cutendre. Combat de la Pucelle et de Jean Chandos : étrange loi du combat à la quelle la Pucelle eſt ſoumiſe ; viſion, miracle qui ſauve l'honneur de Jeanne.

EN accourant la fiére Jeanne d'Arc
  D'une lucarne aperçut dans le parc
Cent palefrois, une brillante troupe
De Chevaliers portant Dames en croupe,
Et d'Ecuyers qui tenaient dans leurs mains
Tout l'attirail des combats inhumains ;
Cent boucliers où des nuits la courière
Reflêchiſſait ſa tremblante lumière ;
Cent caſques d'or d'aigrettes ombragés,
Et les longs bois d'un fer pointu chargés,
Et des rubans dont les touffes dorées
Pendaient au bout des lances acérées.
Voyant cela Jeanne crut fermement
Que les Anglais avaient ſurpris *Cutendre :*
Mais Jeanne d'Arc ſe trompa lourdement.
En fait de guerre on peut bien ſe méprendre
Ainſi qu'ailleurs. Mal voir et mal entendre
De l'Hêroine était ſouvent le cas,
Et Saint Denis ne l'en corrigea pas.
Ce n'était point des enfans d'Angleterre

Qui

Qui de Cutendre avaient surpris la terre;
C'était Dunois, de Milan revenu ;
Le grand Dunois à Jeanne si connu,
Qui ramenait la belle Dorothée,
Elle était d'aise et d'amour transportée ;
Elle en avait sujet assurément :
Car auprès d'elle était son cher Amant.
Ce cher Amant, ce tendre la Trimouille
Pour qui son œil de pleurs souvent se mouille,
L'ayant cherchée à travers cent combats
L'avait trouvée et ne la quittait pas.
En nombre pair cette troupe dorée
Dans le chateau la nuit était entrée.
Jeanne y vola : le bon Roi qui la vit
Crut qu'elle allait combattre, et la suivit;
Et dans l'erreur qui trompait son courage,
Il laisse encor Agnès avec son Page.
O Page heureux! et plus heureux cent fois
Que le plus grand, le plus Chrétien des Rois,
Que de bon cœur alors tu rendis grace
Au benoit Saint dont tu tenais la place !
Il te fallut r'habiller promptement:
Tu rajustas ta trousse diaprée,
Agnès t'aidait d'une main timorée
Qui s'égarait et se trompait souvent.
Que de baisers sur sa bouche de rose
Elle reçut en r'habillant Monrose!
Que son bel œil le voyant rajusté,
Semblait encor chercher la volupté !
Monrose au parc descendit sans rien dire.
Le Confesseur tout saintement soupire
Voyant passer ce beau jeune garçon,
Qui lui donnait de la distraction.
La douce Agnès composoit son visage,

Ses

Ses yeux, son air, son maintien, son langage.
Auprès du Roi Bonifoux se rendit,
Le consola, le rassura, lui dit :
Que dans la niche, un envoyé céleste,
Etait d'enhaut venu pour annoncer
Que des Anglais la puissance funeste
Touchait au terme, et que tout doit passer ;
Que le Roi Charle obtiendrait la victoire.
Charle le crut, (car il amait à croire.)
La fière Jeanne appuya ce discours :
Du Ciel, dit-elle, acceptons le secours ;
Venez, grand Prince, et rejoignons l'armée,
De vôtre absence à bon droit alarmés.
    Sans balancer la Trimouille et Dunois
De cet avis furent à haute voix.
Par ces Héros la belle Dorothée
Honnêtement au Roi fut présentée :
Agnès la baise, et le noble escadron
Sortit enfin du logis du Baron.
    Le juste Ciel aime souvent à rire
Des passions du sublunaire empire.
Il regardait cheminer dans les champs
Cet escadron de Héros et d'Amants.
Le Roi de France allait près de sa belle
Qui s'efforçant d'être toujours fidelle,
Sur son cheval la main lui présentait,
Serrait le sienne, exhalait sa tendresse ;
Et cependant, ô comble de faiblesse!
De tems en tems le beau page lorgnait.
Le Confesseur psalmodiant, suivait :
Des voyageurs récitait la prière,
S'interrompait en voyant tant d'attraits,
Et regardait avec des yeux distraits
Le Roi, le Page, Agnès, et son bréviaire.

Tout

Tout brillant d'or, et le cœur plein d'amour
Ce la Trimouille, ornement de la Cour
Caracollait auprès de Dorothée,
Yvre de joye et d'amour tranſportée,
Qui le nommait ſon cher libérateur,
Son cher Amant, l'idole de ſon cœur.

Jeanne auprès d'eux, ce fier ſoutien du Trône,
Portant corſet et jupon d'Amazone,
Le chef orné d'un petit chapeau vert,
Enrichi d'or et de plumes couvert,
Sur ſon fier âne étalait ſes gros charmes,
Parlait au Roi, courait, allait le pas,
Se rengorgeait, et ſoupirait tout bas
Pour le Dunois compagnon de ſes armes :
Car elle avait toujours le cœur ému
Se ſouvenant de l'avoir vû tout nû.

Bonneau, portant barbe de Patriarche,
Suant, ſoufflant, Bonneau fermait la marche.
O d'un grand Roi ſerviteur prétieux !
Il penſe à tout, il a ſoin de conduire
Deux gros mulets tous chargés de vin vieux:
Longs ſauciſſons, patés délicieux,
Jambons, poulets, où cuits ou prêts à cuire.

On avançait, alors que Jean Chandos
Cherchant partout ſon Agnès et ſon Page
Au coin d'un bois, près d'un certain paſſage,
Le fer en main rencontra nos Héros.
Chandos avait une ſuite aſſez belle
De fiers Bretons, pareille en nombre à celle
Qui ſuit les pas du Monarque amoureux.
Mais elle était d'eſpèce différente :
On n'y voyait ni tétons ni beaux yeux.
Oh, oh, dit-il d'une voix menaçante,
Galants Francais, objets de mon courroux

Vous

Vous aurez donc trois filles avec vous,
Et moi Chandos je n'en aurai pas une ?
Cà, combattons je veux que la fortune
Décide ici qui fait le mieux de nous
Mettre à plaisir ses ennemis déssous,
Frapper d'estoc et pointer de sa lance.
Que de vous tous le plus ferme s'avance ?
Qu'on entre en lice; et celui qui vaincra:
L'une des trois, à son aise tiendra.
Le Roi piqué de cette offre cinique
Veut l'en punir, s'avance, prend sa pique.
Dunois lui dit: ah ! laissez-moi Seigneur
Vanger mon Prince et des Dames l'honneur.
Il dit et court: la Trimouille l'arrête ;
Chacun prétend à l'honneur de la fête.
L'ami Bonneau toujours de bon accord
Leur proposa de s'en remettre au sort.
Car c'est ainsi que les Guerriers antiques,
En ont usé dans les tems héroïques :
Même aujourdhui dans quelques Républiques
Plus d'un emploi, plus d'un rang glorieux
Se tire aux dez; et tout en va bien mieux.
Le gros Bonneau tient le cornet, soupire
Craint pour son Roi, prend les dez, roule, tire.
Denis du haut du céleste rempart
Voyant le tout d'un paternel regard,
Et contemplant la Pucelle et son âne
Il conduisait ce qu'on nomme Hazard.
Il fut heureux, le sort échut à Jeanne.
Jeanne, c'était pour vous faire oublier
L'infame jeu de ce grand-Cordelier
Qui ci-devant avait rafflé vos charmes.
Jeanne à l'instant court au Roi, court aux armes,

S   Mo-

Modeſtement va derrière un buiſſon
Se délaſſer, détacher ſon jupon,
Et revêtir ſon armure ſacrée,
Qu'un Ecuyer tient déja préparée.
Puis à cheval elle monte en couroux,
Branlant ſa lance et ſerrant les genoux
Elle invoquait les onze mille belles
Du pucelage Héroïnes fidèles,
Pour Jean Chandos, cet indigne Chrêtien,
En combattant n'invoquait jamais rien,
Jean contre Jeanne avec fureur s'avance
Des deux cotez égale eſt la vaillance;
Les deux courſiers bardés, coëffés de fer
Sous l'éperon partent comme un éclair,
Vont ſe heurter, et de leur tête dure
Front contre front fracaſſent leur armure ;
La flamme en ſort, et le ſang du Courſier
Teint les éclats du voltigeant acier,
Du choc affreux les échos rétentiſſent.
Des deux courſiers les huit pieds réjailliſſent
Et les guerriers du coup déſarçonnez
Tombent tous deux ſur la croupe étonnez.
Ainſi qu'on voit deux boules ſuſpenduës
Aux bouts egaux de deux cordes tenduës
Dans une courbe au même inſtant partir,
Hater leur cours, ſe heurter, s'aplatir,
Et remonter ſous le choc qui les preſſe,
Multipliant leur poids par leur viteſſe.

   Chaque parti crut morts les deux courſiers,
Et treſſaillit pour les deux chevaliers.
Or des Français la championne auguſte
N'avait la chair ſi ferme, ſi robuſte,
Les os ſi durs, les membres ſi diſpos.

Si

Si mufculeux, que le fier Jean Chandos.
Son équilibre ayant dans cette rixe
Abandonné fa ligne et fon point fixe,
Son quadrupéde un haut-le-corps lui fit,
Qui fur le pré Jeanne d'Arc étendit
Sur fon beau dos, fur fa croupe gentille
Et comme il faut que tombe toute fille.
Chandos penfait qu'en ce grand défaroi
Il avait mis où Dunois où le Roi.
Il veut foudain contempler fa conquête;
Le cafque ôté, Chandos voit une tête.
Où languiffaieut deux grands yeux noirs et longs.
De la cuiraffe il défait les cordons.
Il voit ô Ciel! ô plaifir! ô merveille!
Deux gros têtons de figure pareille,
Unis, polis, féparés, démi ronds
Et furmontés de deux petits boutons
Qu'en fa naiffance à la rofe vermeille.
On tient qu'alors en élevant la voix
Il bénit Dieu pour la premiéré fois.
Elle eft à moi la Pucelle de France
S'écria t-il, contentons ma vengeance.
J'ai grace au Ciel doublement mérité
De mettre à bas cette fiére béauté.
Que Saint Denis me regarde et m'accufe;
Mars et l'amour font mes droits, et j'en ufe.
Son Ecuyer difait, pouffez Mylord;
Du Trône Anglais affermiffez le fort.
Frére Lourdis envain nous décourage;
Il jure en vain que ce faint pucelage
Eft des Troyens le grand *Palladium,*
Le bouclier facré du *Latium;*
De la victoire il eft, dit-il, le gage;

C'eft

C'eſt l'oriflamme : il faut vous en ſaiſir.
Ouï, dit Chandos, et j'aurai pour partage
Les plus grands biens, la gloire et le plaiſir.
Jeanne pamée écoutait ce langage
Avec horreur ; et faiſait mille vœux
A Saint Denis ne pouvant faire mieux.
Le grand Dunois d'un courage héroïque
Veut empêcher le triomphe impudique.
Mais comment faire ? il faut dans tout état
Qu'on ſe ſoumette à la loi du combat.
Les fers en l'air et la tête panchée,
L'oreille baſſe et du choc écorchée
Languiſſamment le céleſte baudet
D'un œil confus Jean Chandos regardait.

Il nourriſſait dès longtems dans ſon ame
Pour la Pucelle une diſcrette flâme,
Des ſentiments nobles et délicats
Très peu connus des ânes d'ici bas.
Le Confeſſeur du bon Monarque Charle
Tremble en ſa chair alors que Chandos parle.
Il craint ſurtout que ſon cher Pénitent
Pour ſoutenir la gloire de la France,
Qu'on avilit avec tant d'impudence,
A ſon Agnès n'en veuille faire autant !
Et que la choſe encor ſoit imitée
Par la Trimouille et par ſa Dorotheé.
Au pied d'un chêne il entre en oraiſon
Et fait tout bas ſa méditation
Sur les effets, la cauſe, la nature
Du doux pêché qu'aucuns nomment luxure.
En méditant avec attention
Le Benoit moine eut une viſion,
Aſſez ſemblable au prophétique ſonge

De

De ce Jacob, heureux par un menfonge,
Pattevelu dont l'efprit lucratif
Avait vendu fes lentilles en Juif.
Ce vieux Jacob, ô fublime miftère!
Devers l'Euphrate une nuit aperçut,
Mille beliers qui grimpèrent en rut
Sur les brebis qui les laifferent faire.
Le moine vit de plus plaifants objets,
Il vit courir à la même avanture
Tous les Héros de la race future.
Il obfervait les différents attraits,
De ces beautés qui dans leur douce guerre
Donnent des fers aux maîtres de la terre.
Chacune était auprès de fon Héros
Et l'enchainait des chaines de paphos.
Tels au retour de Flore, et du Zéphire
Quand le Printems reprend fon doux empire
Tous ces oifeaux peints de mille couleurs
Par leurs amours agitent les feuillages:
Les papillons fe baifent fur les fleurs,
Et les lions courent fous les ombrages
A leurs moitiés qui ne font plus fauvages.
C'eft-là qu'il vit le beau François premier
Roi malheureux, mais galant Chevalier!
Avec Etampe, il fe pâme, il oublie
Les autres fers qu'il reçut a Pavie.
Là, Charle-quint joint le mirthe au laurier,
Sert à la fois la Flamande et la Maure.
Quels Rois ô Ciel! l'un à ce beau métier
Gagne la goutte, et l'autre pis encore.
Près de Diane on voit danfer les ris,
Aux mouvements que l'amour lui fait faire,
Quand dans fes bras tendrement elle ferre

En

En fe pamant le fecond des Henris.
De Charle neuf le fuccefleur volage,
Quitte en riant fa Cloris pour un Page,
Sans s'allarmer des troubles de Paris.
Mais quels combats le Jacobin vit rendre
Par Borgia le fixiéme Alexandre !
En cent tableaux il eft reprèfenté.
Là, fans thiare et d'amour tranfporté
Avec Vanoze il fe fait fa famille.
Un peu plus bas on voit fa Sainteté
Qui s'attendrit pour Lucréce fa fille.
O Léon dix! ô fublime Paul trois !
A ce beau jeu vous paffez tous les Rois,
Mais vous cédez à mon grand Béarnois,
A ce Vainquenr de la Ligue rebelle.
A ce Héros plus connu mille fois
Par les plaifirs que gouta Gabrielle,
Que par vingt ans de travaux et d'exploits.
Bientot on voit le plus beaux des fpectacles,
Ce fiécle heureux, ce fiécle des miracles,
Ce grand Louis, cette fuperbe Cour
Où tous les Arts font inftruits par l'amour.
L'amour bâtit ce fuperbe Verfailles,
L'amour aux yeux des peubles éblouïs,
D'un lit de fleurs fait un Trône à Louis.
Malgré les cris du fier Dieu des batailles
L'amour améne au plus beau des humains
De cette Cour les rivales charmantes,
Toutes en feu, toutes impatientes ;
De Mazarin la niéce aux yeux divins,
La généreufe et tendre la Valière,
La Montefpan plus ardente et plus fiére :
L'uné fe livre au moment de jouïr,
Et l'autre attend le moment du plaifir,

Voici

Voici le tems de l'aimable Régence
Tems fortuné, marqué par la licence,
Où la folie agitant fon grelot
D'un pied leger parcourt toute la France,
Où nul mortel ne daigne être dévot,
Où l'on fait tout excepté penitence.
Le bon Régent de fon Palais Royal
Des voluptés donne à tous le fignal.
Vous répondez à ce fignal aimable
Jeune Daphné bel aftre de la Cour,
Vous répondez du fein du Luxembourg,
Vous que Bacchus et le Dieu de la table
Ménent au lit, efcortez par l'amour.

Mais je m'arrête, et de ce dernier âge
Je n'ofe en vers tracer la vive image.
Trop de péril fuit ce charme flatteur.
Le tems préfent eft l'arche du Seigneur.
Qui la touchait d'une main trop hardie
Puni du Ciel, tombait en létargie.
Je me tairai ; mais fi j'ofais pourtant
O des beautés aujourdhui la plus belle !
O tendre objet, noble, fimple, touchant !
Et plus qu'Agnès, généreufe et fidelle
Si j'ofais, mettre à vos divins genoux
Ce grain d'encens que l'on ne doit qu'à vous,
Si de l'amour je déploiais les armes,
Si je chantais ce tendre et doux lien,
Si je difais .·... non, je ne dirai rien,
Je ferais trop au deffous de vos charmes.

Dans fon extafe enfin le moine noir
Vit à plaifir ce que je n'ofe voir.
D'un œil avide et toujours très modefte,
Il contemplait le fpectacle célefte

De

De ces beautés, de ces nobles amants,
De ces plaisirs deffendus et charmants.
Hélas! dit-il, si les grands de la terre
Font deux à deux cette éternelle guerre ;
Si l'Univers doit en paſſer par-là,
Dois-je gémir que Jean Chandos ſe mette
A deux genoux auprès de ſa brunette,
Du Seigneur DIEU la volonté ſoit faite.
Amen, amen, dit-il, et ſe pâma,
Croyant jouir de tout ce qu'il voit-là.
Mais Saint Denis était loin de permettre
Qu'aux yeux du ciel Jean Chandos oſât mettre
Et la Pucelle et la France aux abois.
   Ami lecteur, vous avez quelque fois
Oüi conter qu'on nouait l'éguillette :
C'eſt une étrange et terrible recette
Et dont un Saint ne doit jamais uſer,
Que quand d'un autre il ne peut s'aviſer.
D'un pauvre amant le feu ſe tourne en glace,
Vif et perclus ſans rien faire, il ſe laſſe ;
Dans ſes efforts étonné de languir
Et conſumé ſur le bord du plaiſir.
Telle une fleur des feux du jour ſéchée
La tête baſſe, et la tige panchée,
Demande en vain les humides vapeurs
Qui lui rendaient la vie et les couleurs.
Voilà comment le bon Denis arrête
Le fier Anglais dans ſes droits de conquête.
Jeanne échapant à ſon vainqueur confus,
Reprend ſes ſens quand il les a perdus :
Puis d'une voix impoſante et terrible
Elle lui dit tu n'ès pas invincible.
Tu vois qu'ici dans le plus grand combat

Puis

Dieu t'abandonne et ton cheval s'abat.
Dans l'autre un jour je vangerai la France;
Denis le veut, et j'en ai l'affurance :
Et je te donne avec tes combattans
Un rendez-vous dans les murs d'Orléans.
Le fier Chandos lui repartit ; ma belle
Vous m'y verrez pucelle où non pucelle :
J'aurai pour moi Saint George le très-fort,
Et je promets de réparer mon tort.

T CHANT

CHANT DOUZIEME.

Comment Jean Chandos veut abuser de la devote Dorothée. Combat de la Trimouille et de Chandos. Ce fier Chandos est vaincu par Dunois.

O Volupté mére de la nature,
Belle Venus! seule Divinité
Que dans la Gréce invoquait Epicure,
Qui du Cahos chaffant la nuit obfcure,
Donne la vie et la fecondité,
Le fentiment et la felicité,
A cette foule innombrable, agiffante,
D'êtres mortels à ta voix renaiffante :
Toi que l'on peint défarmant dans tes bras
Le Dieu du Ciel et le Dieu de la guerre ;
Qui d'un fourire écarte le tonnerre,
Calme les flots, fait naître fous tes pas
Tous les plaifirs qui confolent la terre;
Tendre Vénus, conduis en fureté
Le Roi des Francs qui défend fa patrie.
Loin des périls conduis à fon côté
La belle Agnès à qui fon cœur fe fie.
Pour ces amants de bon cœur je te prie.
Pour Jeanne d'Arc je ne t'invoque pas:
Elle n'eft pas encor fous ton empire.
C'eft à Denis de veiller fur fes pas;

Elle

Elle est pucelle, et c'est lui qui l'inspire.
Je recommande à tes douces faveurs
Ce la Trimouille et cette Dorothée :
Verse la paix dans leurs sensibles cœurs ;
De son amant que jamais écartée
Elle ne soit exposée aux fureurs
Des ennemis qui l'ont persécutée.
Et toi Comus récompense Bonneau :
Répands tes dons sur ce bon Tourangeau,
Qui sut conclure un accord pacifique
Entre son Prince, et ce Chandos cinique.
Il obtint d'eux avec dextérité
Que chaque troupe irait de son côté
Sans nul reproche et sans nulles querelles,
A droite à gauche ayant la Loire entr'elles,
Sur les Anglais il étendit ses soins
Selon leurs gouts, leurs mœurs, et leurs besoins.
Un gros *Rostbief* que le beurre assaisonne,
Des *Plumpuddings*, des vins de la Garonne
Leur sont offerts ; et les mets plus exquis,
Les ragoûts fins dont le jus pique et flatte ;
Et les perdrix à jambes d'écarlatte,
Sont pour le Roi, les belles, les Marquis.
Le fier Chandos partit donc après boire,
Et cotoya les rives de la Loire,
Jurant tout haut que la première fois
Sur la pucelle il reprendrait ses droits.
En attendant il reprit son beau Page.
Jeanne revint ranimant son courage
Se replacer à côté de Danois.
  Le Roi des Francs avec sa garde bleue,
Agnès en tete, un Confesseur en queue,
A remonté l'espace d'une lieue
Les bords fleuris où la Loire s'étend

D'un

D'un cours tranquile et d'un flot inconftant.
Sur des bâtteaux et des planches ufées
Un Point joignait les rives oppofées.
Une Chapelle était au bout du Pont.
C'était Dimanche. - Un hermite à fandale
Fait raifonner fa voix facerdotale.
Il dit la Meffe ; un enfant la répond.
Charle et les fiens ont eu foin de l'entendre
Dès le matin au château de Cutendre ;
Mais Dorothée en attendait toujours
Deux pour le moins, depuis qu'a fon fecours
Le jufte Ciel vengeur de l'innocence
Du grand bâtard employa la vaillance,
Et protegea fes fidèles amours.
Elle defcend, fe retrouffe, entre vîte,
Signe fa face en trois jets d'eau bénite,
Plie humblement l'un et l'autre genou,
Joint les deux mains et baiffe fon beau cou.
Le bon hermite en fe tournant vers elle,
Tout ébloui, ne fe connaiffant plus,
Au lieu de dire un *fratres oremus*
Roulant les yeux dit: *fratres, qu'elle eft belle !*
   Chandos entra dans la même Chapelle
Par paffe-tems beaucoup plus que par zèle.
La tête haute il falue en paffant
Cette beauté dévote à la Trimouille,
Et derrière elle en fifflant s'agenouille
Sans un feul mot de *pater*, où de *avé*.
D'un cœur contrit au Seigneur élevé.
D'un air charmant la tendre Dorothée
Se profternait par la grace excitée,
Front contre front et derriére lévé ;
Son court jupon retrouffé par mégarde
Fait voir foudain .... fitôt l'Anglois regarde.

A

A découvert deux jambes dont l'amour
A defliné la forme et le contour :
Jambes d'yvoire, et telles que Diane
En laiffa voir au chaffeur Actéon.
Chandos alors faifant peu l'oraifon
Sentit au cœur un défir très-profane.
Sans nul refpect pour un lieu fi divin,
Il va gliffant une infolente main
Sous le jupon qui couvre un blanc fatin.

  Je ne veux point par un crayon cinique,
Effarouchant l'efprit fage et pudique
De mes lecteurs, étaler à leurs yeux
Du grand Chandos l'effort audacieux.
Mais la Trimouille ayant vû difparaître
Le tendre objet dont l'amour le fit maître,
Vers la Chapelle il adreffe fes pas.
Jufqu'où l'amour ne nous conduit il pas ?
La Trimouille entre au moment où le Prêtre
Se retournait, où l'infolent Chandos :
Etait tout près du plus charmant des dos,
Où Dorothée effrayée, éperduë
Pouffait des cris qui vont fendre la nuë.

  Je voudrais voir nos bons peintres nouveaux
Sur cette affaire exerçant leurs pinceaux
Peindre à plaifir fur ces quatre vifages
L'etonnement des quatre perfonnages.
Le Poitevin criait à haute voix
Ofes-tu bien Chevalier difcourtois
Anglais fans frein, profanateur impie
Dans le lieu Saint porter ton infamie ?
D'un ton railleur où régne un air hautain
Se rajuftant, et regagnant la porte
Le fier Chandos lui dit, que vous importe ?
De cette Eglife êtes vous Sacriftain ?

Je suis bien plus, dit le Français fidèle,
Je suis l'amant aimé de cette belle.
Ma coutume est de vanger hautement
Son tendre honneur attaqué trop souvent.
Vous pourriez bien risquer ici le vôtre,
Lui dit l'Anglais: nous savons l'un et l'autre
Nôtre portée; et Jean Chandos peut bien
Lorgner un dos, mais non montrer le sien.
Le beau Français et le Breton qui raille
Font préparer leurs chevaux de bataille.
Chacun reçoit des mains d'un Ecuyer
Sa longue lance et son rond bouclier;
Se met en selle, et d'une course fière
Passe, repasse, et fournit sa carrière:
De Dorothée et les cris et les pleurs
N'arrêtaient point l'un et l'autre adversaire.
Son tendre amant lui criait, beauté chère
Je cours pour vous, je vous vange où je meurs.
Il se trompait : sa valeur et sa lance
Brillaient en vain pour l'amour et la France.
Après avoir en deux endroits percé
De Jean Chandos le haubert fracassé,
Prêt à saisir une victoire sûre,
Son cheval tombe, et sur lui renversé
D'un coup de pied sur son casque faussé
Lui fait au front une large blessure.
Le sang vermeil coule sur la verdure:
L'hermite accourt; il croit qu'il va passer
Crie *in manus*, et le veut confesser.
Ah Dorothée ! ah douleur inouïe !
Auprès de lui sans mouvement, sans vie,
Ton désespoir ne pouvait s'exhaler ;
Mais que dis-tu lorsque tu pus parler ?
Mon cher amant! c'est donc moi qui te tua!

De

De tous tes pas la compagne assiduë
Ne devait pas un moment s'écarter ;
Mon malheur vient d'avoir pû te quitter,
Cette Chapelle est ce qui m'a perduë,
Et j'ai trahi la Trimouille et l'amour
Pour assister à deux Messes par jour !
Ainsi parlait sa tendre amante en larmes ;
Chandos riait du succès de ses armes.
Mon beau Français la fleur des Chevaliers,
Et vous aussi dévote Dorothée,
Couple amoureux, soyez mes prisonniers,
De nos combats c'est la loi respectée :
Venez, je veux que ce Héros vaincu
Soit un un jour et captif et cocu.
Le juste Ciel tardif en sa vengeance
Ne souffrit pas cet excès d'insolence.
De Jean Chandos les péchez redoublés,
Filles, garçons, tant de fois violés,
Impieté, blasphême, impénitence,
Tout en son tems fut mis dans la balance,
Et fut pesé par l'Ange de la Mort.
　　Le grand Dunois avait de l'autre bord
Vû le combat et la décontenance
De la Trimouille, une femme éperduë
Qui le tenait languissant dans ses bras,
L'Hermite auprès qui marmotte tout bas,
Et Jean Chandos qui près d'eux caracole.
A ces objet il pique, il court, il vole.
C'était alors l'usage en Albion
Qu'on apellât les choses par leus nom.
Déja du Pont franchissant la barrière
Vers le vainqueur il s'était avancé.
Fils de putain nettement prononcé
Frappe au timpan de son oreille altière.

Oui

Oui je le fuis, dit-il, d'une voix fiére:
Tel fut Alcide, et le divin Bacchus,
L'heureux Perſée et le grand Romulus,
Qui des brigands ont délivré la terre,
C'eſt en leur nom que j'en vais faire autant ;
Va, fouvien-toi que d'un bâtard Normand
Le bras vainqueur à foumis l'Angleterre.
O vous batards du maître du tonnerre,
Guidez ma lance et conduiſez mes coups!
L'honneur le veut, vangez-moi, vangez-vous.
Cette priére était peu convenable,
Mais le Héros ſçavait très-bien la fable :
Pour lui-la Bible eut des charmes moins doux,
Il dit, et part.   Les Molettes dorées
De ſon harnois etoient bien aſſurées,
Des éperons armés de courtes dents
De ſon courſier piquent les nobles flancs,
Le premier coup de ſa lance acerée
Fend de Chandos l'armure diaprée,
Et fait tomber une part du collet,
Dont l'acier joint le caſque au corcélet.
Le brave Anglais porte un coup éffroïable ;
Du bouclier la voute impénétrable
Reçoit le fer qui s'écarte en gliſſant.
Les deux guerriers ſe joignent en paſſant,
Leur force augmente ainſi que leur colère.
Chacun faiſit ſon robuſte adverſaire,
Les deux courſiers ſous eux ſe dérobants
Débaraſſez de leurs fardeaux brillants
S'en vont en paix errer dans les Campagnes ;
Tels que l'on voit dans d'affreux tremblemens
Deux gros rochers détachés des montagnes,
Avec grand bruit l'un ſur l'autre roulans:
Ainſi tombaient ces deux fiers combattans,

Frap-

Frappant la terre et tous deux fe ferrans.
Du choc bruïant les échos retentiffent,
L'air s'en émeut, les Nimphes en gémiffent,
Ainfi quand Mars fuivi par la terreur,
Couvert de fang, armé par fa fureur,
Du haut des Cieux defcendait pour défendre
Les habitants des rives du Scamandre,
Et quand Pallas animait contre lui
Cent Rois ligués dont elle était l'apui;
La terre entiére en était ébranlée,
De l'achéron la rive était troublée,
Et paliffant fur fes horribles bords
Pluton tremblait pour l'Empire des morts.
Les deux héros fiérement fe relèvent,
Les yeux en feu fe regardent, s'obfervent,
Tirent leur fabre, et fous cent coups divers
Rompent l'acier dont tous deux fons couverts.
Déja le fang coulant de leurs bleffures
D'un rouge noir avait teint leurs armures,
Les fpectateurs en foule fe preffants
Faifaient un cercle autour des combattans,
Le cou tendu, l'œil fixé, fans haleine,
N'ofant parler et remuant à peine.
On en vaut mieux quand on eft regardé:
L'œil du public eft aiguillon de gloire.
Les champions n'avaient que préludé
A ce combat d'éternelle memoire.
Achille, Hector, et tous les demi-Dieux,
Les grenadiers bien plus terribles qu'eux,
Et les lions beaucoup plus redoutables
Sont moins cruels, moins fiers, moins implacables,
Moins achranés. Enfin l'heureux bâtard
Se ranimant, joignant la force à l'art,
Saifit le bras de l'Anglais qui s'égare;

Fait

Fait d'un revers voler fon fer barbare,
Puis d'une jambe avancée à propos .
Sur l'herbe rouge étend le grand Chandos ;
Mais en tombant fon ennemi l'entraine :
Couverts de poudre ils roulent fur l'Aréne,
L'Anglais deffous et le Français deffus.

Le doux vainqueur dont les nobles vertus
Guident fon cœur quand fon fort eft profpère,
De fon genou preffant fon adverfaire,
Rends-toi, dit-il ; Ouï. Dit Chandos, attends,
Tiens c'eft ainfi, Dunois, que je me rends.
Tirant alors pour reffource dernière
Un ftilet court, il étend en arrière
Son bras nerveux, le ramene en jurant,
Et frappe au cou fon vainqueur brienfaifant ;
Mais une maille en cet endroit entière
Fit émouffer la pointe meurtière.
Dunois alors cria, tu veux mourir,
Meurs fcélerat ; et fans plus difcourir
Il vous lui plonge avec peu de fcruple
Son fer fanglant devers la clavicule.
Chandos mourant, fe débattant en vain,
Difait encor tout bas: *fils de putain !*
Son cœur altier, inhumain, fanguinaire
Jufques au bout garda fon caractère.
Ses yeux, fon front pleins d'une fombre horreur,
Son gefte encor menaçaient fon vainqueur.
Son ame impie, infléxible, implacable
Dans les Enfers alla braver le Diable.
Ainfi finit comme il avait vecu
Ce dur Anglais par un Français vaincu.
Le beau Dunois ne prit point fa dépouille.
Il dédaignait ces ufages honteux
Trop établis chez les Grecs trop fameux.

Tout

Tout-occupé de son cher la Trimouille,
Il le ranime, et deux fois son secours
De Dorothée ainsi sauva les jours.
Dans le chemin elle soutient encore
Son tendre amant qui de ses mains pressé,
Semble revivre et n'être plus blessé
Que de l'éclat de ses yeux qu'il adore.
Il les regarde et reprend sa vigueur.
Sa belle amante au sein de la douleur,
Sentit alors le doux plaisir renaître :
Les agrémens d'un sourire enchanteur
Parmi ses pleurs commençaient à paraître.
Ainsi qu'on voit un nuage éclairé
Des doux raïons d'un Soleïl temperé.

Le Roi Gaulois, sa maîtresse charmante,
L'illustre Jeanne embrassent tour à tour
L'heureux Dunois, dont la main triomphante
Avait vangè son pays et l'amour.
On admirait surtout sa modestie,
Dans son maintien, dans chaque repartie.
Il est aisé, mais il est beau pourtant
D'étre modeste alors que l'on est grand.
Jeanne étouffait un peu de jalousie,
Son cœur tout bas se plaignait du destin.
Il lui fachait que sa pucelle main
Du mécréant n'eut pas tranché la vie :
Se souvenant toûjours du double affront,
Qui vers Cutendre à fait rougir son front,
Quand par Chandos au combat provoquée
Elle se vit abattue et manquée.

CHANT

CHANT TREIZIEME.

Grand repas a l'hotel de Ville d'Orleans, suivi d'un affaut general. Charle attaque les Anglais.

J'AURAIS voulu dans cette belle hiftoire,
Ecrite encor au temple de Mémoire,
Ne prefenter que des faits éclatans,
Et couronner mon Roi dans Orleans,
Par la Pucelle, et l'amour, et la gloire.
Il eft bien dur d'avoir perdu mon tems,
A vous parler de Cutendre et d'un Page,
De Grifbourdon, de la Lubrique rage,
D'un muletier et de tant d'accidens
Qui font grand tort au fil de mon ouvrage.
Mais vous favés que ces évenements
Furent écrits autrefois par un Sage ;
Je le copie et n'ai rien inventé,
Dans ces détails fi mon lecteur s'enfonce,
Si quelque fois fa dure gravité
Juge mon fage avec feverité ;
A certains traits fi le fourcil lui fronce,
Il peut, s'il veut, paffer fa pierre-ponce
Sur la moitié de ce Livre enchanté,
Mais qu'il refpecte au moins la verité.
    O verité ! vierge pure et facrée
Quand feras-tu dignement reverée ?

Divi-

Divinité ! qui feule nous inftruits !
Pourquoi, mets-tu ton palais dans un puits ?
Du fond du puits quand feras-tu tirée ?
Quand verrons-nous nos doctes écrivains
Exempts de fiel, libres de fantaifie,
Fidelement nous aprendre la vie,
Les grands exploits de nos beaux Paladins ?
    Oh! qu'Ariftote étala de prudence
Quand il cita L'archevêque Turpin !
Ce temoignage a fon livre divin
De tout lecteur attire la croyance.
    Tout inquiet encor de fon deftin,
Vers Orleans Charle était en chemin
Environné de fa troupe dorée,
Et demendant a Dunois des confeils,
Ainfi que font tous les Roys fes pareils :
Dans le malheur dociles et traitables !
Dans la fortune un peu moins practicables.
    Charle croiait qu'Agnès et Bonifoux
Suivaient de loin.   Plein d'un efpoir fi doux
L'amant Royal fouvent tourne la tête
Pour voir Agnès, et regarde, et s'arrête,
Et quand dunois preparant fes fuccés
Nomme *Orleans*, le Roy lui nomme *Agnès*.
    L'heureux batard dont l'active prudence
Ne s'occupait que du bien de la France,
Le jour baiffant découvre un petit fort
Que Negligeait le fier duc de Betfort :
Ce fort touchait à la ville inveftie ;
Dunois le prend, le Roy s'y fortiffie.
Des affiegeans c'étaient les Magazins.
Le DIEU fanglant qui donne la victoire,
Le DIEU joufflu qui prefide aux feftins

                    D'em-

D'emplir ces lieux se disputaient la gloire,
L'un de Canons, et l'autre de bons vins.
Tout l'apareil de la guerre éffroyable,
Tous les aprêts des plaisirs de la table
Se rencontraient dans ce petit chateau.
Quels vrais succés pour Dunois et Bonneau!
Tout Orleans a ces grandes Nouvelles
Rendit a DIEU des graces solemnelles.
Un *Te Deum* au faubourdon chanté
Devant les chefs de la noble cité ;
Un long Diner ou le juge et le Maire
Chanoine, Eveque et Guerriers invités
En buvans fort chacuns a des Santés
Le verre en main tomberent tous par terre ;
Un feu sur l'eau dont les brillans éclairs
Dans la nuit sombre illuminent les airs :
Les cris du peuple et le canon qui gronde
Avec fracas annoncerent au monde
Que le Roy Charle a ses sujets rendu
Va retrouver tout cequ'il a perdu.

　　Le beau Dunois aprés tant d'aventures,
Se retrouvant auprés de Jeanne d'Arc
Avait recu du DIEU qui porte un arc
De Nouveaux traits et de vives blessures ;
Depuis le jour qu'ils s'étaient vûs tout nus,
Ce DIEU Malin qui jamais ne s'habille
Lui suggerait pour cette Auguste fille
De grans desirs aux heros tres connus,
Mais ces momens marqués pour l'allegresse
Furent suivis par des coups de détresse,
On n'entend plus que le nom de Betfort,
Alerte, aux murs, la victoire ou la mort.

L'an-

L'anglais vfait de ces momens propices
Ou nos bourgeois en vuidant les flacons
Louaient leur Prince et danfaient aux chanfons.
Sous une porte on plaça deux fauciffes
Non de boudin ! non telles que Bonneau
En inventa pour un ragout Nouveau :
Mais fauciffons dont la poudre fatale
Se dilâtant, fouflant avec éclair
renverfe tout, confond la terre et l'air.
Machine affreufe, homicide, infernale
Qui contenait dans fon ventre de fer
Ce feu pétri des mains de Lucifer.

Par une méche artiftement pofée,
En un moment la miniere embrazée
S'etend, s'eleve, et porte a mille pas
Bois, gonds, battants, et ferrure en éclats.

Le grand Talbot entre et fe precipite;
Fureur, fuccés, gloire, amour tout l'excite.
Depuis longtems il brulait en fecret
Pour la moitié du Prefident Louvet.
Ce digne Enfant, cet Enfant de la guerre
Conduit fous lui les braves d'Angleterre.
Allons, dit-il, genereux conquerants
Portons par tout et le fer et les flames,
Buvons le vin des Poltrons d'Orleans,
Prenons leur or, baifons touttes leurs femmes.
Jamais Cefar dont les traits éloquents
Portaient l'audace et l'honneur dans les ames
Ne parla mieux a fes fiers combattans.

Sur ce terrein que la porte enflamée
Couvre en fautant d'une épaiffe fumée,
Eft un rempart que la *Hire* et *Poton*
Ont élevé de pierre et de gazon,

Un

Un parapet garni d'artillerie
Peut repouffer la premiere furie
Les premiers coups du terrible Betfort.
   Poton, la Hire y paroiffent d'abord :
Un peuple entier derriere eux s'evertuë,
Le çanon gronde et l'horrible mot *tuë*
Eft repété quand les bouches d'enfer
Sont en filence et ne troublent plus l'air.
Vers le rempart les échelles dreffées
Portent deja cent cohortes preffées,
Et le foldat le pied fur l'échelon
Le fer en main pouffe fon compagnon.
   Dans ce peril, ny Poton, ny la Hire
N'ont oublié leur efprit qu'on admire.
Avec prudence ils avaient tout prevus,
Avec adreffe a tout ils ont pourvus.
   L'huile bouillante et la poix embrafée,
De pieux pointus une forêt croifée,
De larges faulx que leur tranchant effort
Fait reffembler a la faulx de la mort ;
Et des moufquets qui lancent les tempêtes
De plomb volant fur les Bretonnes Têtes :
Tout ceque l'art et la neceffité
Et le malheur et l'intrepidité,
Et la peur même ont pu mettre en ufage
Eft employé dans ce jour de carnage.
   Que de Bretons bouillis, coupés, percés !
Mourants en foule et par rang entaffés.
Ainfi qu'on voit fous cent mains diligentes
Tomber l'épi des moiffons jauniffantes.
Mais cet affaut fierement fe maintient :
Plus il en tombe et plus il en revient.
   De l'hydre affreux les têtes menaçantes,

Tom⁴

Tombant a terre et toujours renaissantes,
Epouvantaient le fils de Jupiter:
Ainsi l'anglais dans les feux, sous le fer,
Aprés sa chutte encor plus formidable
Brave en montant le nombre qui l'acable.

Tu t'avançais sur ces remparts sanglans
Fier Richemont digne espoir d'Orleans:
Cinq cent bourgeois, gens de cœur et d'élite
En chancelans Marchent sous sa conduite ;
Enluminés du gros vin qu'ils ont bu:
Sa seve encor animait leur vertu,
Et Richemont criait d'une voix forte,
Pauvres bourgeois vous n'avés plus de porte
Mais vous m'avés ! . . . . . il suffit combattons,
Il dit ; et vole au milieu des Bretons.

Deja Talbot s'etait fait un passage
Au haut du mur, et deja dans sa rage
D'un bras terrible il porte le trepas,
Il fait de l'autre avancer ses soldats,
Il s'établit sur ce dernier azile
Qui te restait, o malheureuse ville !
Charle en son Fort tristement retiré,
D'autres Anglais par malheur entouré
Ne peut marcher vers la ville attaquée,
D'accablement son ame est suffoquée.
Quoi, disait-il, ne pouvoir secourir
Mes chers sujets que mon œil voit perir?
Ils ont chanté le retour de leur maitre,
J'allais entrer et combattre peutêtre,
Les délivrer des Anglais inhumains,
Le sort cruel enchaine ici mes mains.
Non, lui dit Jeane, il est tems de paraitre,
Venés, mettés en signalant vos coups
Ces durs Bretons entre Orleans et vous.

X   Marchés

Marchés mon Prince et vous fauvés la ville,
Nous fommes peu, mais vous en valés mille.
   Charle lui dit : quoi vous favés flatter !
Je vaux bien peu, mais je vais meriter
Et vôtre eftime et celle de la France
Et des Anglais; il dit : pique et s'avance.
Devant fes pas l'oriflame eft porté
Jeane et Dunois volent a fon coté.
Il eft fuivi de fes gens d'ordonnance,
Et l'on entend a travers mille cris,
Vive le Roy, Montjoye, et Saint Denis.
   Charle, Dunois, et la pucelle altiere
Sur les Bretons s'elancent par derriere ;
Tels que des monts qui tiennent dans leur fein
Les refervoirs du Danube et du Rhin.
L'aigle fuperbe aux ailes étenduës,
Aux yeux perçans, aux huit griffes pointuës,
Planant dans l'air tombe fur des faucons
Qui s'acharnaient fur le cou des herons.
   L'Anglais furpris croiant voir une armée
Defcend Soudain de la ville allarmée.
Tous les bourgeois devenus valeureux,
Les voyans fuir defcendent après eux.
   Charle plus loin entouré de carnage,
Jufqu'à leur camp fe fait un beau paffage.
Les affiegeans a leur tour affiegés,
En tête, en queuë, affaillis. égorgés,
Tombent en foule au bord de leurs tranchées,
D'armes, de morts, et de mourans jonchées;
Et de leur corps ils faifaient un rempart.
   Dans cette horrible et fanglante mêlée
Le Roy difait à Dunois, cher Batard
Dis-moi de grace, ou donc eft-elle allée ?

Qui ? Dit Dunois ; le bon Roy lui repart
Ne ſçais-tu pas cequ'elle eſt devenuë ?
Qui donc ? Helas ! elle était diſparuë
Hier au ſoir avant qu'un heureux ſort
Nous eut conduit au chateau de Betfort,
Et dans la place on eſt entré ſans elle.
Vous la verrés dans peu, dit la Pucelle.
Ciel ! dit le Roy qu'elle me ſoit fidele !
Gardés la moi. Pendant ce beau diſcours
Il avançait et combattait toujours.

CHANT

CHANT QUATORZIEME.

Agnés et Bonifoux font au chateau de con-
culix. Vangeance de Grisbourdon, Rufe
du diable, &c.

OH ! que ne puis-je en grand vers magnifiques
Ecrire au long tant de faits heroïques !
Homere feul a le droit de conter
Tous les exploits, touttes les avantures
De les étendre et de les repeter,
De fupputer les coups et les bleſſures
Et d'ajouter au grand combat d'Hector
De grands combats et des combats encor.
C'eſt la fans doute un fur moyen de plaire:
Mais je ne puis me refoudre a vous taire
D'autres dangers dont le deftin cruel
Circonvenaít la belle Agnès Sorel.

    Quand fon amant s'avançait vers la gloire
Dans les chemins fur les rives de Loire,
Elle entretient le pere Bonifoux
Qui toujours fage, infinuant, et doux
Du Tentateur lui contait quelqu'hiftioire
Divertiſſante et fans reflexions,
Sous l'agrement déguifant fes Leçons.

    A quelque pas la Trimouille et fa Dame
S'entretenaient de leur fidele flâme,
Et du deſſein de vivre enfemble un jour
Dans leur chateau tout entiers a l'amour.

Dans

Dans le chemin la main de la Nature
Tend fous leurs pieds un tapis de verdure,
Velours unis, femblable au pré fameux
Ou s'exerçait la rapide Athalante.
Sur le Duvet de cette herbe naiffante.

Agnès s'aproche et chemine avec eux,
Le confeffeur fuivait la belle errante
Tous quatre allaient tenants de beaux difcours
De pieté, de combats, et d'amours.

Sur les Anglais, fur le diable on raifonne ;
En raifonnant on ne vit plus perfonne,
Chacun fondait doucement, doucement
Homme et cheval fur le terrein mouvant.

D'abord les pieds, puis le corps, puis la tête,
Tout difparut ainfi qu'a cette fête
Qu'en un palais d'un fameux cardinal
Trois fois au moins par femaine on aprête ;
A l'opera fouvent joué fi mal ;
Plus d'un heros a nos regards échape
Et dans l'enfer defcend par une trape.

Monrofe vit du rivage prochain
La belle Agnès, et fût tenté foudain
De venir rendre a l'objet qu'il obferve
Tout le refpect que fon ame conferve.
Il paffe un pont, mais il devient perclus,
Quand la voïant fon œil ne la vit plus.
Froid comme marbre et blême comme Gipfe
Il veut marcher, mais lui-même il s'éclipfe.

Paul Tirconnel qui de loin l'apercut
A fon fecours a grand galop courut,
En arrivant fur la porte funefte :
Paul Tirconnel y fond avec le refte.
Ils tombent tous dans un grand foûterrein,
Qui conduifait aux portes d'un jardin,

Tel

Tel que n'en eut jamais le quatorziéme,
De ces Louis, aïeul d'un Roy qu'on aime !
Et le jardin conduisait au chateau.
Digne en tout sens de ce jardin si beau.
C'etait ! . . . . Mon cœur a de seul nom soupire !
De conculix le formidable Empire.
O Dorothée ! Agnès, et Bonifoux !
Qu'alles-vous faire et que deviendrés-vous ?
Si cet impur du vice insatiáble
Vous assoffie a sa rage execrable
     Que la vangeance est une passion
Funeste au monde, affreuse, impitoyable !
C'est un tourment, c'est une obsession
Et c'est aussi le partage du diable,
     Le gros damné de pere Grisbourdon,
Terrible encor au fond de sa chaudiere,
En blasphemant cherchait l'occasion
De se vanger de la pucelle altiere,
Parqui la haut d'un coup d'estramaçon
Son chef tendu fut privé de son tronc.
Il s'ecrioit à Belzebut : mon pere
Ne pourras-tu dans quelque gros péché,
Faire tomber cette Jeane severe ?
J'y crois pour moi ton honneur attaché.
Il ne faut pas beaucoup de rétorique.
Pour engager le tentateur antique
A Travailler de son premier metier.
De tout méchef ce maudit ouvrier,
Courut bien vite observer sur la terre
Ceque faisaient ses amis d'angleterre,
En quel etat, et de corps, et d'esprit,
Se trouvait Jeane aprés le grand conflit.
     Charle, Dunois, et la grosse amazone,
Lassés tous trois des travaux de Bellone,

                                        Etaient

Etaient enfin revenus dans leur Fort
En attendant quelque nouveau renfort;
Des affiegés la breche reparée
Aux affaillans ne permet plus d'entrée,
Des ennemis la troupe eft retirée.
Les citoyens, le Roy Charle et Betfort,
Chacun chez foi foupe en hâte et s'endort.
   Mufes tremblés de l'étrange avanture
Qu'il faut aprendre a la race future ;
Et vous, Lecteurs, en qui le ciel a mis
Les fages gouts d'une tendreffe pure,
Remerciés le bon Monfieur Denis
Qu'un grand péché n'ait pas été comis.
Il vous fouvient que je vous ai promis
De vous donner des memoires fideles
De ce Baudet poffeffeur de deux ailes :
La nuit des tems cache encor aux humains
De l'ane aîlé quels étaient les deffeins;
Quand il avait fous fes aîles dorées
Porté Dunois aux Lombardes contrées.
De ce Heros cet ane était jaloux.
Plus d'une fois en portant la pucelle,
Deffous fa croupe il fentit l'Eteincelle
De ce beau feu plus vif encor que doux.
Ame, reffort, et principe des Mondes
Qui dans les airs, dans les bois, dans les ondes
Produit les corps et les anime tous :
Ce feu facré dont il vous refte encore
Quelques rayons dans ce monde épuifé,
Feu pris au ciel ! pour animer Pandore ;
Depuis ce tems le flambeau s'eft ufé !
Tout eft fletri, la force Languiffante
De la Nature en nos malheureux jours
Ne produit plus que d'imparfaits amours.

                                        S'il

S'il eſt encor une flame agiſſante,
Un germe heureux des principes Divins,
Ne cherchés pas chés Venus, Vranie.
Ne cherchés pas chés les faibles humains,
Mais Voyagés aux confins d'Arcadie.
Beaux celadons que des objets vainqueurs
Ont enchaînés par des Liens de fleurs,
Tendres amans en cuiraſſe, en ſoutane,
Prelats, Abbés, Colonels, Conſeillers,
Gens du bel air et même cordeliers!
En fait d'amour defiés-vous d'un ane.
De Lucien le fameux ane d'or
Si renommé par ſa metamorphoſe,
De celui-ci n'aprochait pas encor,
Il n'étoit qu'homme et c'eſt bien peu de choſe.
    La groſſe Jeane au Viſage Vermeil
Qu'ont rafraichi les payots du ſommeil,
Entre ſes draps doucement receuillië
Se rapellait les deſtins de ſa vie:
De tant d'exploits ſon jeune cœur flatté
A Saint Denis n'en donna pas la gloire,
Elle conçut un grain de vanité.
Denis faché comme on peut bien le croîre
Pour la punir laiſſa quelque momens
Sa Protegée au pouvoir de ſes ſens.
Denis voulut que ſa Jeane qu'il aime
Connut enfin ce qu'on eſt par ſoi-même
Et qu'une femme en toutte occaſion
Pour ſe conduire a beſoin d'un Patron.

CHANT

CHANT QUINZIEME.

Eloquence de l'ane. Faiblesse de Jeanne
d'Arc. Dorothée l'a surprend.

JEANNE bientôt va devenir la proye
   D'un piege affreux que lui tend le Demon.
Elle avait beau se mettre en oraison
On va bien loin si tôt qu'on se fourvoye.
Le Tentateur qui ne neglige rien
Prenait son tems ; il le prend toujours bien.
Il est par tout.   Il entra par adresse
Au corps de l'ane, il forma son Esprit,
De sa voix rauque adoucit la rudesse ;
Et l'instruisit aux finesses de l'art
Aprofondi par Ovide et Bernard.
L'ane éclairé surmonta toutte honte ;
De l'écurie adroitement il monte
Au pied du lit, ou dans un doux repos
Jeane en son cœur repassait ses travaux.
Puis doucement s'acroupissant prés d'elle!
" Ecoutés moi, lui dit-il, ma Pucelle!
" Dieu m'a fait naitre au sein de Canaan,
" Je fus nourri chés le vieux Balaam.
" Chés les payens Balaam était Prêtre ;
" Moi, j'étais juif! et sans moi mon cher Maitre

          Y   Au-

" Aurait Maudit tout ce bon peuple élu
" Dont un grand mal fut fans doute advenu.
Adonaï recompenfa mon Zele;
Au viel Enoc bientôt on me donna.
Enoc avait une vie immortelle;
J'en eus autant.   Le Sëigneur Ordonna
Que le cizeau de la Parque cruelle
Refpècteraic le fil de mes beaux ans.
Je joüis donc d'un éternel printems.
De ce jardin la maitre Débonnaire
Me permit tout, hors un cas feulement:
Il m'ordonna de vivre chaftement;
C'eft pour un ane une terrible affaire!
Jeune et fans frein dans ce charmant fejour,
Maitre de tout, j'avais droit de tout faire,
Le jour, la nuit, tout : excepté l'amour.
Je fervais DIEU mieux que le premier homme
Qui le trahit pour manger d'une Pomme.
DIEU l'emporta fur mon temperament.
La chair fe tut, je n'us point de faibleffes,
Je vecus vierge ; or fcavés-vous comment?
DIEU prés de moi n'avait point mis d'aneffes.
Je vis couler, contant de mon état
Plus de mille ans dans ce doux celibat.
Il plut enfin au Maitre du Tonnere
Au createur du ciel et de la Terre,
Pour racheter le genre humain captif
De fe faire homme, et ce qui pis eft, juif.
Jofeph, Paul, Eve, et la brune Marie
Sans le fcavoir, firent cette œuvre pie.
A fon epoux la belle dit adieu
Puis accoucha de Jefus fils de DIEU !

Par des Mathieu, des Jacque, des Enfans

Car DIEU se cache aux Sages Comme aux Grands.

L'humble le suit, l'homme d'état s'en raille,

La cour d'herode et les gens du bel air

Narquaient ce fils, homme et DIEU, fait de chair

De cette chair l'humanité sacrée

Fut de Pilate assés peu reverée.

Mais quelque jours avant qu'il fut fessé

Et qu'un long bois pour ce DIEU fut Dressé,

Il devait faire en public son entrée :

C'etait un point de sa Religion

Que sur un ane il entrât dans Sion.

Cet ane était predit par Isaïe,

Ezechiel, Baruc, et Jeremië.

C'etait un cas important dans la loi.

O Jeanne d'Arc! cet ane, c'était moi.

Un ordre vint a l'arcange terrible,

Qui du jardin est le suisse inflexible,

De me laisser sortir de ce beau lieu :

Je pris ma course et j'allai porter DIEU,

Chacun criait, vive le Roy de gloire ;

Vous connaissés le reste de l'histoire.

Le createur pendu publiquement

Ressuscita bientot secretement.

Je fus fidele et restai chés sa mere,

Tres mal bâté, faisant tres maigre chere.

Marie au jour de son assomption

Par Testament me Legua Pension,

Et je vecus mil ans dans la Maison

Jusques aujour ou cette Maison Sainte

De la cité quittant l'indigne enceinte,

Alla par mer aux rivages heureux

Ou de *lorette* est le tresor fameux.

Du

Du doux Jésus les bontés paternelles
Me firent don de deux brillantes ailes ;
Et dans le tems que les Anges des Airs
Faisoient voguer la Maison sur les mers,
Je pris mon vol aux voutes éternelles.
L'Aigle de Jean et le bœuf de Mathieu
Me firent fête en cet Auguste Lieu.
. . . .
Et j'y bravai ce cheval si superbe
Qui va portant par arrêt du destin
Tantot Saint George et tantôt Saint Martin.
Je fus nourri de Nectar, d'Ambroisie ;
Mais, ô ma Jeanne ! une si belle vie
N'aprocha pas du plaisir que je sens
Au doux aspect de vos charmes puissans.
L'Aigle, l'Agneau, le Bœuf, ... Même
Ne valent pas votre beauté suprême.
Croyés sur tout que de tous les emplois
Ou m'éleva mon Etoile benigne,
Le plus heureux, le plus Selon mon choix,
Et dont je suis peut être le plus digne !
Est de servir sous vos Augustes Loix.
Quand j'ai quitté le ciel et l'Empirée,
J'ai vû par vous ma fortune assurée,
Non, je n'ai pas abandonné les cieux.
J'y suis encor, le ciel est dans vos yeux.
   Ainsi parlait cet ane avec Prudence
En apuyant sa flateuse éloquence
D'un geste heureux que n'ont point eu Baron
N'y Bourdaloue, et le doux Massillon.
Son beau recit, cette Histoire admirable,
Cet air naïf dont il la débitait,
Mais plus que tout, ce geste inimitable !

Firent

Firent sur Jeanne un Merveilleux effet
Que Dunois nud n'avait pas encor fait.
Son cœur s'emut, tous ses sens se troublerent
Sur son visage un instant de vapeur
Fut remplacé d'une vive rougeur
D'un tendre feu ses yeux étincelerent;
Elle flatta son amant de la main,
Mais en tremblant! puis la tira Soudain;
Elle soupire, elle craint, se condamne,
Puis se rassure, et puis lui dit; bel ane?
De vos recits mes esprits sont charmés,
Mais dois-je croire, Helas! que vous m'aimés?
Si je vous aime? en doutés vous encore?
Repondit-il, oui: mon cœur vous adore.
Ciel! que je fus jaloux du Cordelier?
Qu'avec plaisir je servais l'Ecuyer
Qui vous vangea de la fureur claustrale
Ou l'emportait une faim monacale?
Mais que je fus plus jaloux mille fois
De ce Batard, oui, de ce beau Dunois
Yvre d'amour et fou de jalousie;
Las! il revient, il vous offre ses vœux,
Il est plus beau, mais non plus amoureux.
O noble Jeanne! ornement de votre age,
Dont l'Univers vante le pucelage,
Est-ce Dunois qui sera ton vainqueur?
Ce sera moi, j'en jure par mon cœur.
Ah! si le ciel en m'otant les anesses
Vous reserva mes plus pures tendresses,
Si toujours doux, toujours tendre et discret,
Jusqu'a ce jour j'us gardé mon secret:
De mes desirs si vous estes flatée,
Si penetré du plus ardent amour,

Je

Je vous prefere au céleste séjour,
Si tant de fois, mon dos vous a portée
Vous me pourriés parler a votre tour.
A ce discours peut être temeraire ;
Jeanne un moment sentit quelque colere,
Aimer un ane et lui donner sa fleur ?
Souffriroit-elle un pareil deshonneur ?
Aprés avoir sauvé son innocence
Des muletiers et des héros de France.
Aprés avoir par la grace d'en Haut
Dans le combat vû Chandos en deffaut
Mais ce bel ane est un Amant celeste !
Il n'est Heros si brillant et si leste,
Nul n'est plus tendre et nul n'ut plus d'esprit,
Il eut l'honneur de porter Jesus-Christ
Il est Venu des plaines éternelles,
Des Seraphins il a l'air et les ailes,
Il n'est point la de bestialité
C'est bien plutot de la Divinité.
Tous ces pensers formoient une tempête
Au cœur de Jeanne, et confondoient sa tête
Ainsi qu'on voit sur les profondes mers
Deux fiers Tyrans des ondes et des airs,
L'un accourant des Cavernes australes
L'autre sifflant des plaines Boreales,
Battre un vaisseau cinglant sur l'Ocean,
Vers Sumatra, Bengale, ou Ceylan.
Tantôt la nef aux cieux semble portée,
Par des rochers tantôt elle est jettée,
Tantôt l'abime est prêt a l'engloutir,
Et des Enfers elle parait sortir ;
Notre Amazone est ainsi tourmentée,
L'ane est pressant, et la belle agitée,

L

Ne put tenir dans son emotion
Ce gouvernail qu'on appelle raison.
Du harangueur le redoutable geste
Etait sur tout l'écceuil le plus funeste :
Elle n'est plus maitresse de ses sens,
Ses yeux mouillés deviennent Languissans,
Dessus son lit sa tête s'est panchée,
De ses beaux yeux la honte s'est cachée,
Ses yeux pourtant regardaient par en bas,
Elle étalait tous ses autres apas !
De son cu brun les voutes s'éleverent,
Et ses genoux sous elle se plierent.
Tels on a vû *Tibouville* et *Vilars*
Imitateurs du premier des Cezars !
Tout Enflamés du feu qui les posséde
Tête baissée attendre un Licomede ;
Telle plutôt la fille de Minos
Pour un Taureau negligeant des heros,
Se soumettait a son beau quadrupede :
Telle Phillire avoit favorisé
Le Dieu des mers en cheval déguisé.
L'Enfant malin qui tient sous son Empire
Le genre humain, les anes et les Dieux,
Son Arc en main planait du haut des cieux,
Et voyait Jeanne avec un doux sourire.
Dans ce moment on entend une voix :
" Jeanne venés signaler vos exploits,
" Sortés du lit, Dunois est sur les armes,
" On va partir et deja nos gendarmes
" Avec le Roy commencent a sortir ;
" Habillés-vous, est-il tems de dormir ?
C'etait la jeune et tendre Dorothée
De bonté d'ame envers Jeane portée,

Qui

Qui la croyant dans les bras du sommeil
Venait la voir et hâter son reveil.
Ainsi parlant a la belle pamée
Elle entrou'vroit la porte Mal formée.
Dieu ! quel spectacle ! elle fait par trois fois
Tout en tremblant le signe de la croix.
Jadis Venus fut bien moins confonduë
Lorsqu'en un retz formé de fil d'airain,
Aux yeux des dieux ce cocu de Vulcain
Sous le Dieu Mars, la montra toute nuë,
Jeanne d'abord immobile, resta :
Puis dans son lit se remit, s'ajusta,
Reprit ses sens et puis ainsi parla.
Vous avés vû, ma fille, un grand mystere,
C'etait un vœu que j'ai fait pour le Roy :
Si l'aparence est un peu contre moi,
Vous estes Sage et vous savés vous taire.
N'en parlés pas a ce brave Dunois,
Vous risqueriés le salut de la France ;
De l'amitié je sais remplir les droits,
En cas pareil comptés sur mon silence.
Jeanne a l'instant sa culotte reprit,
Son corselet et son haubert vetit ;
L'ane confus par la porte sortit,
Et Dorothée encor toutte surprise,
Dit a la Dame avec pleine franchise ;
En verité, Madame, mon esprit
Ne connait rien a pareille avanture :
Je garderai le secret je vous jure,
Des traits d'amour j'ai senti la blessure,
J'en ai souffert ; et mon malheur m'aprit
A pardonner des faiblesses aimables.
Oui. Tous les gouts font pour moi respectables :

Mais

Mais j'avouerai que je ne conçois pas
Lorſque l'on tient un Dunois dans ſes bras,
Comment on ſent un deſir ſi profane !
Avec Dunois comment aimer un ane ?
A cet objet la nature patit,
Je me connais, je ſerais alarmée
D'un tel galant. Jeanne lui repondit
En ſoupirant ; ah vous a t-il aimée ?

Z

CHANT

CHANT SEIZIEME.

La Prefidente Louvet devient folle d'amour
pour le Sire Talbot.

MON cher Lecteur fait par experience,
Que ce beau DIEU qu'on nous peint dans l'enfance,
Et dont les jeux ne font pas jeux d'enfans,
A deux carquois tout-à fait différents.
L'un a des traits dont la douce piqûre
Se fait fentir fans danger, fans douleur,
Croit par le tems, pénétre au fond du cœur,
Et vous y laiffe une vive bleffure ;
Les autres traits font un feu dévorant,
Dont le coup part et brule au même inftant.
Dans les cinq fens ils portent le ravage,
Un rouge vif allume le vifage;
D'un nouvel être on fe croit animé,
D'un nouveau fang le corps eft enflammé ;
On n'entend rien; le regard étincelle
L'eau fur le feu bouillonnant à grand bruit
Qui fur fes bords s'éléve, échape, et fuit,
N'eft qu'une image imparfaite, infidèle,
De ces défirs dont l'excès vous pourfuit.
Songez Lecteurs, que ces fatales flammes
Brulent vos corps et hazardent vos ames.

Vous

Vous avertir eſt mon premier devoir,
Et le ſecond eſt de faire ſavoir
Comment Denis punit l'ame infidèle,
Par qui Satan fit rougir la Pucelle ;
Quel avantage en prit le beau Dunois :
Il faut chanter leurs feux, et leurs exploits.
Je dois conter quelle terrible ſuite
De Conculix eut l'infame conduite ;
Ce que devint l'éfronté Tirconnel,
Et quel ſecours étrange et ſalutaire
Sut procurer notre Reverend Pére
A Dorothée, à la douce Sorel,
Et par quel art il les tira d'affaire.

  Mais avant tout le ſiege d'Orleans
Eſt le grand point qui tous nous intéreſſe.
O DIEU d'amour ! ô puiſſance ! ô faibleſſe !
Amour fatal ! tu fus prêt de livrer
Aux ennemis ce rempart de la France.
Ce que l'Anglais n'oſait plus eſpérer,
Ce que Betfort et ſon expérience,
Ce que Talbot et ſa rare vaillance
Ne purent faire, amour, tu l'entrepris :
Tu fais nos maux, cher enfant, et tu ris.

  En te jouant dans la triſte contrée
Où cent Héros combattent pour deux Rois,
Ta douce main bleſſa depuis deux mois
Le grand Talbot d'une flèche dorée,
Que tu tiras de ton premier carquois.
C'était avant ce ſiége mémorable,
Dans une trêve, hélas ! trop peu durable.
Il conféra, ſoupa paiſiblement
Avec Louvet ce grave Préſident :
Lequel Louvet eut la gloire imprudente
De faire auſſi ſouper la Préſidente.

Ma-

Madame était un peu collet monté.
L'amour se plut à dompter sa fierté.
Il hait l'air prude, et souvent l'humilie.
Il dérangea sa noble gravité,
Par un des traits qui fonde la folie.
La Présidente en cette occasion
Gagna Talbot et perdit la raison.

Vous avez vu la fatale escalade,
L'assaut sanglant, l'horrible canonade,
Tous ces combats, tous ces hardis efforts,
Au haut des murs, en dedans, en dehors,
Lorsque Talbot et ces fiéres cohortes
Avaient brisé les remparts et les portes,
Et que sur eux tombaient du haut des toits
Le fer, la flamme, et la mort à la fois:
L'ardent Talbot avait d'un pas agile
Sur des mourants pénétré dans la ville,
Renversant tout, criant à haute voix,
Anglais entrez; bas les armes, bourgeois?
Il ressemblait au grand DIEU de la guerre,
Qui sous ses pas fait retentir la terre,
Quand la discorde, et Bellone, et le sort
Arment son bras ministre de la mort.

La Présidente avait une ouverture
Dans son logis auprès d'une mazure,
Et par ce trou contemplait son amant,
Ce casque d'or, ce panache ondoyant,
Ce bras armé; ces vives étincelles
Qui s'élançaient du rond de ses prunelles
Ce port altier, cet air d'un demi DIEU!
La Présidente en était tout en feu,
Hors de ses sens, de honte dépouillée.
Telle autrefois d'une loge grillée
Une beauté dont l'amour prit le cœur,

Lorgnait Baron cet immortel Acteur,
D'un œil ardent dévorait fa figure,
Son beau maintien, fes geftes, fa parure:
Mêlait tout bas fa voix à fes accens,
Et recevait l'amour par tous les fens.
　　N'en pouvant plus la belle Préfidente
Dans fon accès dit à fa confidente,
Cours, ma Suzon, Vole, va le trouver:
Dis-lui, dis-lui, qu'il vienne m'enlever.
Si tu ne peux lui parler, fais lui dire,
Qu'il ait pitié de mon tendre martire;
Et que s'il eft un digne Chevalier,
Je veux fouper ce foir dans fon quartier.
La confidente envoye un jeune Page;
C'était fon frére; il fait bien fon meffage:
Et fans tarder fix eftaffiers hardis
Vont chez Louvet, et forcent le logis.
　　On entre; on voit une femme mafquée,
Et mouchetée, et peinte, et requinquée,
Le front garni de cheveux vrais, ou, faux
Montés en arç et tournés en anneaux.
On vous l'enléve, on la fait difparaître
Par les chemins dont Talbot eft le maître.
　　Ce beau Talbot ayant dans ce grand jour
Tant répandu, tant effuyé d'allarmes
Voulut le foir dans les bras de l'amour
Se confoler du malheur de fes armes.
Tout vrai Héros, ou vainqueur, ou battu,
Quand il le peut, foupe avec fa maitreffe.
Sire Talbot, qui n'eft point abattu,
Attend chez lui l'objet de fa tendreffe.
Tout était prêt pour un fouper exquis.
De gros flacons à panfe cizelée
Ont rafraichi dans la grace pilée

Ce

Ce jus brillant, ces liquides rubis
Que tient Citeaux dans ses caveaux bénis.
A l'autre bout de la superbe Tente,
Est un sopha d'une forme élégante,
Bas, large, mou, très proprement orné,
A deux chevets, à dossier contourné,
Où deux amis peuvent tenir à l'aise.
Sire Talbot vivait à la Française.
  Son premier soin fut de faire chercher
Le tendre objet qui l'avait su toucher,
Tout ce qu'il voit, parle de son amante,
Il la demande, on vient, on lui présente
Un monstre gris en pompons enfantins,
Haut de trois pieds en comptant ses patins.
D'un rouge vif ses paupières bordées
Sont d'un suc jaune en tout tems inondées,
Un large nez au bout torse, et crochu
Semble couvrir un long menton fourchu.
Talbot crut voir la maîtresse du Diable,
Il jette un cri qui fait trembler la table.
C'était la sœur du gros Monsieur Louvet,
Qu'en son logis sa garde avait trouvée,
Et qui de gloire et de plaisir crevait,
Se pavanant de se voir enlevée :
La Présidente en proye à la douleur
D'avoir manqué son illustre entreprise,
Se désolait de la triste méprise,
Et jamais sœur n'a plus maudit sa sœur.
L'amour déja troublait sa fantaisie.
Ce fut bien pis lorsque la jalousie
Dans son cerveau porta de nouvaux traits ;
Elle devint plus folle que jamais.

                    En, auctor omnino fecit.

CPSIA information can be obtained at www.ICGtesting.com
Printed in the USA
LVOW061606031011

248894LV00008B/64/P

9 781166 224790